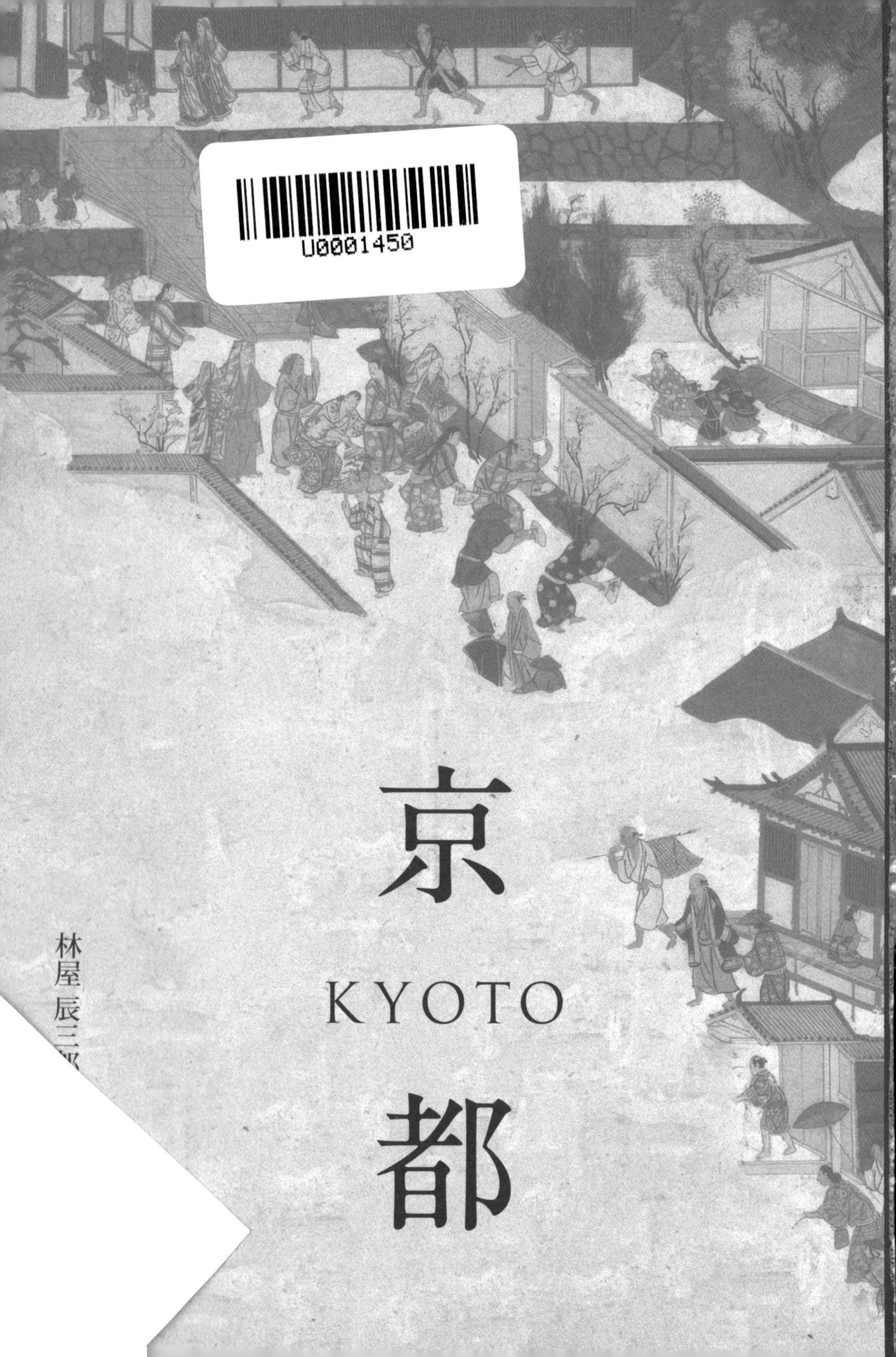

京
KYOTO
都

林屋辰三郎

目次

從西俯瞰京都市區

推薦序

京都的前世與今生

文自秀（日本文化研究者）

每一個到訪過京都的人，心裡都有一座屬於自己的京都。京都不僅僅是日本的，也是這個世界的。一年四季，有絡繹不絕的人潮。春季裡，祇園身著華麗和服的藝妓與舞妓，與落櫻融成一道旖旎；夏季裡，在嵯峨野竹林中，聽風吹竹葉發出天籟之音；秋季裡，在最古老的清水寺，嵐山遍染楓紅層層；冬季裡，清水寺被皚皚白雪，畫上純白妝容。這是人們對於京都普遍的感性念想，但若是從一個歷史學家的角度來看京都，更多出了理性與知識性，也讓人們在遊歷這座古城時，更能心領神會所到之處的奧妙。本書作者林屋辰三郎教授，誕生於大正三年（一九一四）的歷史名城金澤，那一年的日本，參加了第一次世界大戰，林屋辰三郎的父親是金澤老舖茶屋「林屋」的四代目，家中茶葉的經營非常成功，版圖亦擴展到京都。辰三郎在十三歲那年，開始了京都求學之路，他從大學時期就專攻日本史，歷任立命館大學教授與京都大學教授，還擔任過京都國立博物館館長，一生著述豐沛，可說是一生都與京都結下不解之緣。

本書甫一開章，便從京都孩子都能朗朗上口的老童謠《丸竹夷》切入，「丸竹夷二押御池，姉三六角蛸錦，四綾佛高松萬五條」，喜愛名偵探柯南的朋友，肯定也很熟悉，這可是為了幫助孩子熟記地名所創作的呢！歌詞頭一句裡面的「御池」指的是神泉苑，京都就是於此誕生。是否很難想像，數萬年前的京都，還在古老的湖泊底部，是歷經了無數次的地盤隆起，才有現今的繁華都城。京都之所以得享群山環繞，以及擁有清澈的水流，都要感謝這個發源的神泉苑。

大家對京都街道的了解，就是如同棋盤格的方陣。初始名為「平安京」的京都，是在延曆十二年（七九三），由桓武天皇選定為長岡京的代替都城，經過一年的建都，從延曆十三年（七九四），平安京成為歷代皇居處所，直到明治二年（一八六九）遷都東京府為止，這座完全由人工所打造的都城，作為日本的權力樞紐，歷時超過千年。其間經歷過無數次的都城修改與翻建，也遭受過戰亂與祝融的侵襲，但是那些遺留下來的文化遺產建築，仍舊讓來到此處的人們讚嘆不已。

身為千年古都的京都，最引人入勝的，是京城內那些大大小小充滿歷史的神社，以及一整年都精彩的祭典。京都市內有超過一千七百多間神社，可以說是三步五步就能遇上一間，神社是京都人親近土地與神祇的地方，在平安京建京初期政治陰影的籠罩下，為安定人心起了很大的作用。而最具代表性的京都三大祭，有超過一千四百年歷史最悠久的「葵祭」，在春天舉行的葵祭又稱「賀茂祭」，起源是為了向神明祈求農作豐收。有為期一整個七月的「祇園祭」，相傳是在瘟疫盛行期間，為了向神明祈願康復而舉行。以及代表秋天的「時代祭」，是為了紀念平安遷都一千一百年在和平安神宮所創建而生的祭典。

誠如作者林屋辰三郎所述，京都經歷了許多的內亂與天然災害，即使到了室町時代，也因為這些災難，造成市民流離失所、饑饉重病，所以新町的建立與規劃，才能為人民帶來一線生機。而追根究柢，能為京都帶來生機的，還是過去各町的商家與手藝人，也就是回歸到各町的居民本身。他們使用天干與地支的原理，天干為縱町，地支為橫町，每戶皆與對面人家形成一個「新町」，這樣緊密的連結方式，讓每個町人成為「町眾」，而能更自覺的保衛宅第，也更懂得尊重維護彼此的權益。有人說，京都人非常在乎禮儀與隱私，應該就是這個緣故吧！

另一個對京都很大變革的區域性拓展，是二十世紀的三十年代的伏見町併入京都市。早在十六世紀末，也就是安土桃山時代，晚年的豐臣秀吉在文祿元年（一五九二）興建伏見城，成為自己的政權中心，以促進城下町的發展，同時也出現了大量的武士住宅。但在短短幾年之間，豐臣秀吉的政權便宣告結束，德川家康統治了此處，不久發生了伏見大地震，原本的伏見城被震毀，德川家康下令重建，由他所創立的江戶幕府，就是在此進行儀式，更重要的是為了監視豐臣秀賴的行動。在此後近二十年間的伏見城，連連遭逢戰禍，在元和九年（一六二三）遭到拆除，後來德川家光更是下令廢城，整座山城變為桃林，後世稱之為「桃山」。那些曾經有過的華麗城堡和與金碧輝煌的伏見，就如同大夢初醒般的消逝了。本書作者林屋辰三郎教授一定沒有想到，在他完成此部著作的兩年後，也就是昭和三十九年（一九六四），伏見城天守重建，成為伏見桃山城キャッスルランド主題公園裡的一部分，在七十、八十年代遊人如織，可惜又因為地震不斷，在平成二十四年（二〇一二）再度關閉禁止參觀。伏見的命運多舛，令人不勝唏噓。

本書最饒富興味的，是關於京都的古老遺產傳統——西陣織。西陣是位於京都上京區和北區的地域名稱，但京都並無稱作「西陣」的行政區，而是指高級絹織物西陣織的發祥地，以及紡織業的集中地。「西陣」之名源自應仁之亂，是日本室町幕府第八代將軍足利義政在任時期的一次內亂，此地是當時山名方所代表西軍設置的本陣處所，在應仁之亂結束後，離散各地的紡織職人紛紛回到京都，選擇在此地開業，西陣之名由此而來。「西陣織」代表了京都的藝術象徵，早在元祿時代（一六八八—一七〇四）就達到頂峰，元祿十六年（一七〇三）超過五千家的織屋，讓當時的手工業，擔負起町眾文化的興隆。此外，橫越京都中央的堀川，因其獨特的軟水水質，非常適合染布，在貴族化的西陣織，和平民化的京染，兩相比較與結合下，帶動了更多藝術家的投入。

從舒明天皇（六二九—六四一）到宇多天皇（八八七—八九七），兩百多年期間的各代中央政府，均派遣「遣唐使」到中國唐朝研習文化，吸收了日常習俗、治國方針、宗教思想與文字語言，然後再加以改良以符合日本政權與民眾價值觀。因此，京都為王城之地，也是最為重要的學問之都，作為官吏養成的「大學寮」，成為培養國家官吏的訓練機構。平安時代（七九四—一一八五）初期，環繞大學寮周邊的，像是「弘文院」、「勸學院」、「學館院」等等的「別曹」，就是培訓權貴子弟能進入大學曹的附屬學校。京都的問學之道，由來甚久，尤其是在大阪與東京邁向全面商業化的今天，更是撐起了傳統文化的重要使命。

京都，是一個充滿故事的城市。讓我們跟著跨越大正、昭和與平成三個年代學者的視角，將書中所闡述的歷史與地理，化為經度與緯度，為在遊歷各個景點的時候，也能領略斗轉星移的不同風貌，不再如同普通遊客那般蜻蜓點水的輕輕掠過。所謂『京都就是一部活生生的日本史』這樣的概念，就是讀者最大的領益了。

推薦序
京都——「時間」與「空間」的無限連鎖

陳永峰（日本京都大學法學博士、中華民國智庫東亞政經塾塾長、台灣東海大學教授）

「（今天）以歷史京都為主題的出版物，數量多到被說成是一種京都熱⋯⋯」寫下這句話的人是本書作者林屋辰三郎，時間是一九六二年。可說六十幾年來，「京都熱」在日本出版界來了又去，去了又來，永不斷絕。那麼在台灣的「京都熱」又是如何呢？毫無疑問，既然連日本史大家林屋辰三郎這本不算易讀的「小書」都能在台翻譯出版的話，「京都熱」在台灣出版市場絕對可以稱得上是「方興未艾」。雖說這是一本「小書」（岩波新書系列，青版，二五七頁），但當然也是一本名著，而且是一本暢銷的名著。到二〇二一年為止，近六十年間已經增刷了六十次（筆者手中的版本就是第六十刷）。這在相對艱澀的學者型書籍當中，確屬異數。

本書作者林屋辰三郎生於一九一四年的日本石川縣，一九三一年進入第三高等學校（京都三高）文科甲類，一九三八年從京都帝國大學文學部史學科畢業。戰後的一九六一年（也就是本書出版的前一年），以論文《中世藝能史研究》取得京都大學文學博士。到一九九八年辭世為止，在學術界歷任立命館大學文學部教授（兼學部長）、京都大學人文科學研究所教授（兼所長）、京都國立博物館館長等要職。並於一九九二年被選為日本學士院會員，進入日本學術界的最高殿堂。與其一樣出身於石川縣（舊前田藩），並在京都有過交遊經驗的著名學者還有京都學派的開創者，哲學家西田幾多郎（一八七〇—一九四五）以及將日本佛教與禪學研究推廣到全世界的鈴木大拙（一八七〇—一九六六）。

筆者在京都前前後後待了十四年餘（一九九三年四月—二〇〇七年七月），在「各式各樣」的場合，拜聞過林屋辰三郎的威名（有多麼「各式各樣」，可能就得另文介紹了）。另外，對於本書作者林屋辰三郎在《京都》一書中所提到的各個「景點」，筆者幾乎都駐足過。有的地方去過很多次，有些地方就是自己生活進出之處。這不由得讓我想起，與林屋辰三郎同樣畢業於京都一中、三高和京都帝國大學的比較文明學者、名著《文明生態史觀》的作者梅棹忠夫讀完本書之後的評語。「就算是從小到大走遍了各個京都角落，以為自己跟京都熟得不得了的京都市民，看完本書後，也會發現原來京都還有這麼多事物與地方是自己不知道的。我也打算再好好在京都踏訪一回，這一次，我要帶著我孩子一起走。」

梅棹忠夫要強調的無非是「我要帶著我孩子一起走」的歷史教育功能。不過，林屋辰三郎這本書並非觀光導覽，也不適合拿到景點去邊玩邊看。最好是在出發前買來看，然後玩回來後再讀一遍。因為書中寫的是一整套體系化的歷史。「知識可以透過旅行得來。旅行的同時，必須讀書；讀書的同時，必須思考；思考的同時，更需要旅行。我一直覺得這就是最好的學習方法。」（梅棹忠夫《新裝版：日本探検》講談社學術文庫，二〇一四）這就是梅棹忠夫的「探検」，也是他對田野調查最簡潔的說明。

換句話說，京都是一本活的史書，要談論京都就不能撇開歷史不提。可是這本《京都》又不只是單純的京都史而已。作者將千年古都的歷史回溯到京都的每一塊土地，用地理來表現歷史，用「空間」來呈現「時間」。此一手法，確實獨到而且精闢。但是這種手法沒有辦法應用在其他城市，理由就像作者所言，這是屬於京都的「獨特性」。關於京都，圍繞著各種常見於觀光都市的誤解與錯誤觀念，但作者對之完全不理會，完全不在乎那些流俗的起源傳說，只是以一個歷史學者的冷徹眼光，去把歷史的緣起與變遷給嵌進日本的整體歷史裡。

毫無疑問，闡述京都的歷史，就是闡述日本的歷史。作者以京都的各個「空間」作為食材，精心烹煮了「日本史」這道「時間」大菜。我想本書出現後，對當時所有帶隊到京都校外教學或畢業旅行的日本（國、高中）歷史老師們，一定是一大福音。學生們只要先讀了本書，然後再進入京都這個歷史空間時，就等同參與了日本史的時間進程。學習起來必然事半功倍。

本書從京都的起源（序章「湖底的風土：神泉苑」、第一章「京都的古代人：賀茂」），寫到了京都的「未來」（第十五章「學問與藝術之都：大學」，從頭到尾，無一不是空間與時間的連鎖。例如，在最後一章（第十五章），作者從歷史文脈中分析吉田神社和京都大學究竟是什麼樣的時空連鎖，讓人讀了之後豁然開朗。像筆者，人生雖然曾有十餘年的時光在吉田山麓的京都大學校園中度過，但是從來不知道吉田神社與吉田山山腰的太元宮，在中世時曾是神道學問的中心。但是一連結到今天位於吉田山山腳的京都大學，這所培養出了日本最多諾貝爾獎得主，同時也背負起與東京大學（位於政治中心的官僚養成據點）抗衡的學問堡壘，忽然間又令人覺得「啊！原來這裡早已是日本專注於學問發展的淵藪之地」。

讀者們如果可以一口氣讀到最後一頁的話，勢必更為驚嘆。遠在六十餘年前，歷史學者林屋辰三郎就已經穿透歷史，預言了今日京都的問題與走向。「京都的未來怎麼走……迄今京都市以國際文化觀光都市的美名，強力推進觀光至上主義這點，已到了不得不反省的時刻。將京都四季的各式宗教活動，全盤塑造為觀光資源的政策，雖屢屢掀起討論，但唯有尊重文化，才能讓信仰與觀光有所折衷空間。文化與觀光並列之際，當然就不得因為觀光而犧牲文化。反倒是貫徹京都作為文化都市之際，自然地達成觀光目的吧……相對於東京是政治都市、大阪是經濟都市，京都則是文化，亦即學問與藝術的都市。年復一年，在東京、大阪與學問、藝術氛圍漸行漸遠之際，京都的責任就更為重大了。這般對三都的看法，今後將日愈得到證實才是。」

這是寫於一九六二年的文字，歷經六十餘年依然毫不褪色，既直白又精確。這就是歷史學家，同時也是京都國立博物館館長的林屋辰三郎。無論如何，要前往京都，本書非讀不可。

（完）

前言

隨著四季變化，京都在各個季節都有相應的名勝景點，如「春天至東山賞花，夜櫻色、香爭奇鬥豔」[1]所歌詠的春天美景；此外更有著《京之四季》所傳唱的名句「入秋增色的華頂山，秋雨飄忽令人厭倦，和傘濕漉漉的紅葉長樂寺」[2]。從平安時代以來，嵯峨野之月、小野之雪、醍醐之花等名勝多不勝數。造訪京都的人們總是滿懷期待地在這座古城中尋訪四季的美景。

京都的四季不僅展現大自然之美，還有各種隨季節變化、未特意安排的慶典，因此在城市中締造出分明的四季氛圍。從初春的祇園白朮參拜開始，然後是熱鬧的吉田節分會、陽春之花下的安樂祭。當壬生的大念佛默劇結束後，緊接而來的是賀茂的競馬與葵祭。在進入盛夏後，祇園祭的山鉾（山車）遊行讓整個七月的京都市民都沉浸在興奮之中。接著是盂蘭盆大文字山火的時節，悄然靠近的秋意，讓賀茂的河岸飄蕩著無名的憂愁。十月，接續著廣隆寺牛祭的是平安神宮的時代祭，這是歷史不長卻極具觀光價值的祭典，重現了，平安時代到明治維新的歷史風俗。同日舉行的還有鞍馬的火祭。十一月，隨著嵐山楓紅凋落，冷冽的寒意驟增，冬日逼近，南座的「顏見世興行」（總動員演出）也宣告了冬季的來臨。這些傳統慶典就像經線，自然美景則是緯線，共同交織出京都的四季。

不知從何時開始，我總想著若能在京都如此尋訪四季，那麼比起一年四季的短暫時間，更應追尋千年古都所擁有的歲月。然而，即使一年分成四季，我卻無法判斷千年能分為幾節。因此，以千年的時間來區分京都地理空間的念頭，引發我濃厚的興趣。換句話說，即是在地理上表現出千年歷史，將空間以時間切割，讓時間透過空間呈現——這是本書的果斷嘗試。我不知道這樣的嘗試能否成功，但我想在日本，或許只有京都具備這種可能性。

由於上述種種原因，本書無法涵蓋京都的全部。然而，如果能夠稍微解釋清楚為什麼京都既是現代城市又是歷史城市，我想本書的目的就達成了。譬如京都早在應仁、文明之戰亂時就應該淪為焦土、古都破滅，但至今仍可被稱作千年古都，這其中的原因究竟是什麼呢？我想，若能了解桃山時代的遺產是如何重建王朝遺跡，並掌握慶長、元和、寬永等時期在京都歷史上的重要地位，我們就能找到上述問題的答案。此外，當明治維新之際，首都遷往東京，古都再次面臨毀滅的命運時，京都仍得以成功地實現了近代化，這又是什麼原因呢？我想，如能踏尋槇村正直、明石博高、北垣國道等先知者的政策，並研究其偉大功績對京都的影響，我們就能明白其中的道理。特別是他們為實現京都現代化而採取的途徑，可以明確指出當前京都觀光政策的薄弱之處，以及值得反省的地方。

然而，如同前述，本書主旨並不在探討當下京都的三十萬家戶、一百三十萬市民所面對的政治和經濟具體課題。我僅是針對這些市民的祖先孜孜不倦、逐步累積形成的街區風貌，以及在這些街區中形成的京都人氣質，提供些許新穎的想法。關於京都人，據我所知最常見被問到的問題是：為何在這樣一個看似極為保守的古都，卻在第一次普選中革命性地選出無產階級政黨的眾議院議員，甚至是兩名？我不會直接說明理由，但我想讀者能從本書的字裡行間找出一些線索來理解這種現象。

此外，儘管以歷史京都為主題的書籍數量眾多，甚至被譽為京都風潮，但在全日本範圍內，僅有本書致力於追求京都的歷史與地區結合的可能性，這應該就是本書的價值所在。我在撰寫這本微薄的書冊時，受到許多先進和知己的幫忙，書中某些相片也仰賴各方人士的協助。我特別感謝岩波書店的嶇江鈴子小姐、田村義之先生盡心盡力地提供協助。尤其是田村先生手持本書的校對稿，巡迴京都拍下書中大部分的相片。另外，還有協助各章地圖製作、校正、索引的橫井清，以及繪製地質圖、伏見的復原圖的日下雅義，我由衷感謝他們的誠懇協助。

林屋辰三郎，一九六二年

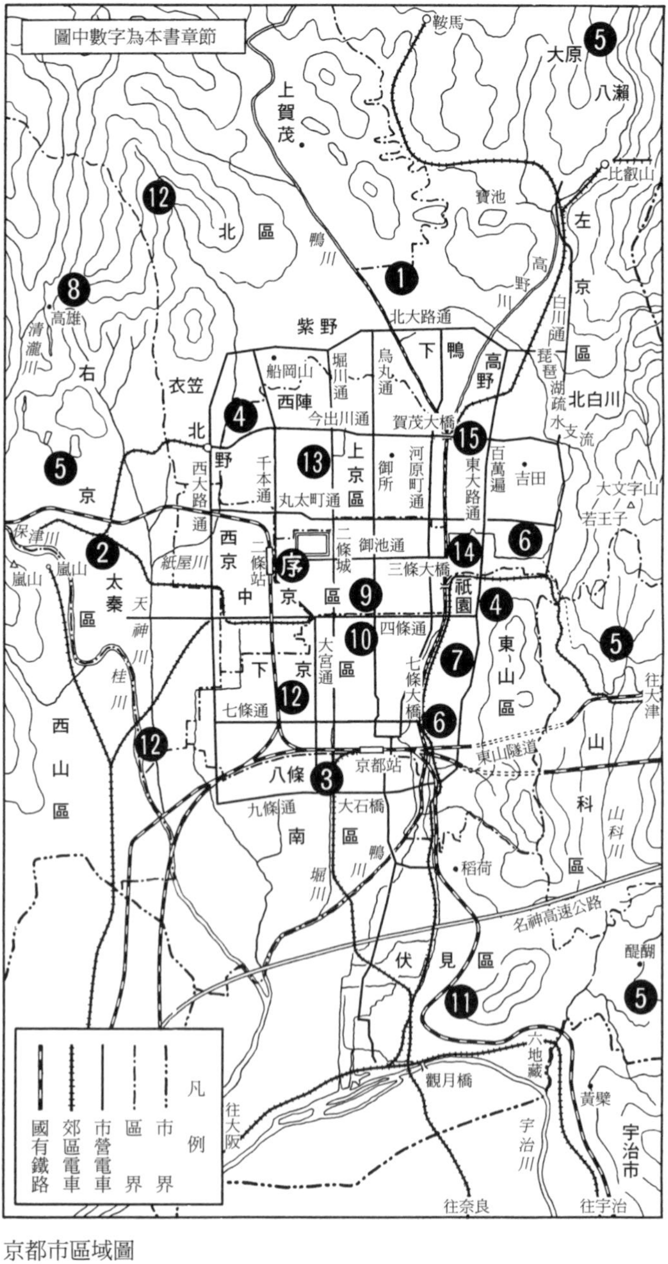
圖中數字為本書章節
鞍馬
大原
八瀨
上賀茂
比叡山
寶池
左京區
北區
鴨川
高雄
清瀧川
高野川
紫野
北大路通
下鴨
高野
白川通
琵琶湖疏水支流
北白川
船岡山
堀川通
烏丸通
衣笠
西陣
右京區
北野
今出川通
賀茂大橋
上京區
千本通
御所
河原町通
東大路通
百萬遍
吉田
西大路通
丸太町通
大文字山
若王子
保津川
嵐山
太秦
紙屋川
西京
二條站
二條城
御池通
三條大橋
祇園
序
中京區
天神川
桂川
四條通
東山區
大宮通
下京區
七條通
七條大橋
往大津
西山區
八條
京都站
東山隧道
山科區
山科川
九條通
大石橋
南區
堀川
稻荷
名神高速公路
伏見區
醍醐
六地藏
觀月橋
黃檗
往大阪
宇治川
宇治市
往奈良
往宇治
凡例
國有鐵路
郊區電車
市營電車
區界
市界
1
2
3
4
5
6
7
8
9
10
11
12
13
14
15

京都市區域圖

序章

湖底的風土：神泉苑

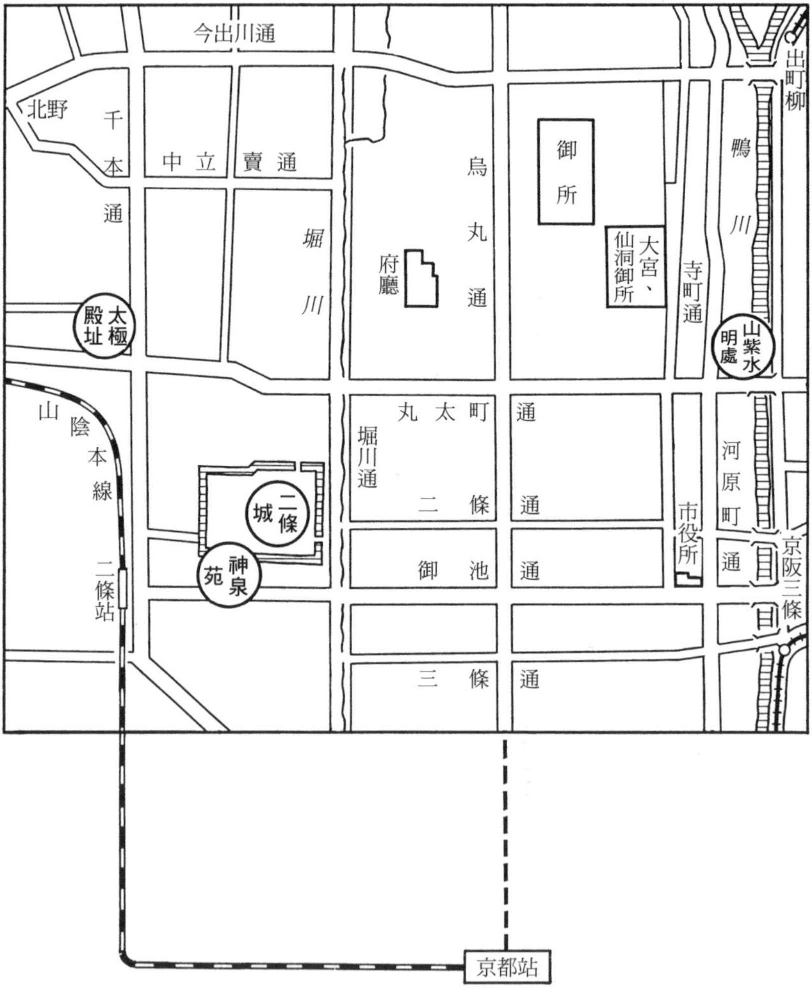
今出川通
北野
千本通
中立賣通
堀川
烏丸通
御所
府廳
大宮、仙洞御所
寺町通
鴨川
出町柳
太極殿址
山紫水明處
山陰本線
丸太町通
堀川通
二條通
河原町通
二條城
市役所
京阪三條
神泉苑
御池通
二條站
三條通
京都站

前頁：被遺忘的神泉苑

遠眺春天薄霧中的西山，俯瞰京都市役所的前庭，御池通筆直地向西延伸。

御池

京都是從神泉苑誕生的，但拜訪京都的人卻甚少聽聞神泉苑的之名。哪怕是今天住在京都的人們，也對神泉苑不感興趣了。然而，只要是熟悉京都的人都一定會聽過「御池」之名。在這條路上，有為京都市民服務的市政廳，也有為京都訪客而開設的著名旅店。到了戰後，原有的疏散空地[1]被用來拓寬道路，並且成為祇園會山鉾（神轎）遶境的路線而一舉成名。為了詳細說明，請容我先介紹京都孩童都會大聲背誦的「町名須知」：「丸竹夷二押御池，姊三六角蛸錦，四綾佛高松萬五條」[2]。從北開始背誦棋盤狀格子線上的東西向街道，正如字面所示，御池通位於二條與三條的大路中央，是孩童們在唱完「丸竹夷二押御池」後換口氣的地方。

神泉苑就是「御池通」這個名字的由來，這個庭園池塘位於與御池通交叉的大宮通西側。念舊的人會稱這裡為「HIZEN-SAN」（ひぜんさん[3]）。京都地名的讀法相當有特色，比如神泉苑的發音為SHIZENNEN（シゼンネン），暱稱為SHIZEN-SAN（しぜんさん），就像將七（SHICHI）唸作HICHI（ヒチ）般，SHIZEN-SAN變成帶有腔調的HIZEN-SAN（ヒゼンさん）。在漫長的歲月中，老京都人如此地與神泉苑親近起來。其原本佔地遼闊，東至大宮，西到壬生，北到二條，南至三條，其擁有東西二町[4]、南北四町的規模，是平安京大內裏（皇居）的禁苑（皇居庭園）。正殿為乾臨殿，常舉行酒宴。池中祀奉善女龍王，因祈雨靈驗而廣為人知。相傳弘法大師空海[5]曾與西寺的守敏[6]大德以祈雨術鬥法，最後空海破除了守敏的咒術，是當地相當有名的傳說。然而，即使是大內裏的禁苑，在平安京的中心曾存在大池泉一事著實令人感到意味深長。據說，這是仿效中國周文王的「靈囿」而建，《本朝文粹》中記載著源順[7]的感嘆：「紅林地廣，吞楚夢於胷中，綠池水高，縮吳江於眼下。」這片大規模的紅林綠池未必都是人工開鑿，必然是整治奠都之前的既有地勢，使其更加莊嚴宏偉。

地質學家告訴我，過去的京都是因斷層而凹陷的湖底（斷層湖盆），在某個時期還是連接大阪灣的江灣。雖然這已是數萬年前非常久遠的事了，但京都人對於家鄉的過去，直到今天仍

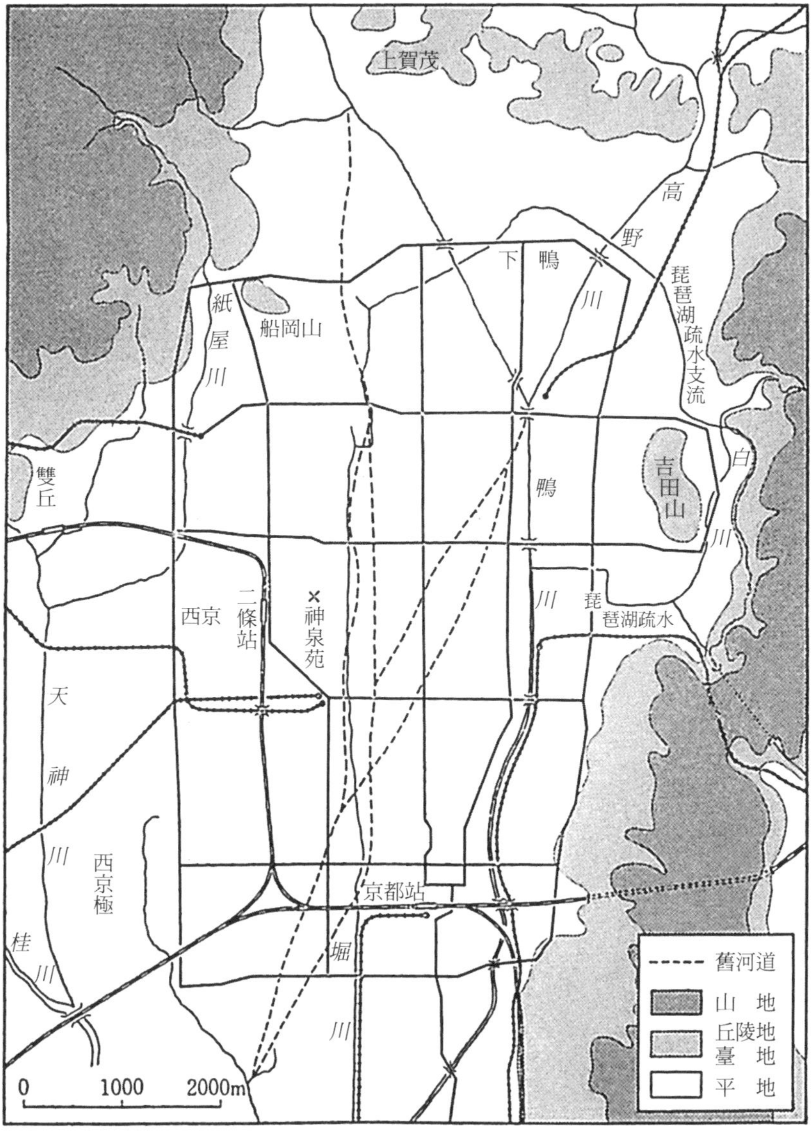
上賀茂
高野川
下鴨
琵琶湖疏水支流
紙屋川
船岡山
雙丘
鴨川
吉田山
白川
西京
二條站
神泉苑
琵琶湖疏水
天神川
西京極
桂川
京都站
堀川
舊河道
山地
丘陵地
臺地
平地
0
1000
2000m

然能夠親身感受。不論是在悶熱的夏天，還是在寒冷的冬天，他們彷彿能感受到自己身處在古老湖泊底部，經歷著劇烈的溫差變化，這種感受究竟是怎麼來的呢？這些發生於數萬年前的歷史，並非由誰刻意教導給京都人，卻自然地內化在他們的意識中。由北至東的群山搬來的泥沙堆積及輕微的地盤隆起，使太古湖泊逐漸形成了京都盆地。最初，高野川的前身，在盆地中央自東北向西南形成了數條支流，傾斜橫流。賀茂川的前身則從北山流往正南方，河道在堀川處擴大，然後流貫整個盆地。據說兩條河流在西南的吉祥院附近匯合，最終注入桂川。在地質方面，沉積在砂礫層的地盤上也展現出水脈的痕跡。即使已形成盆地，但由於兩條河川在此氾濫，而呈現極濕潤的狀態。因此，奠都後不只在西南部留下許多小泉，而且直到今天，京都市內的地下水仍然非常豐富。尤其神泉苑之水是源於造就京都的湖底湧泉，進而在舊賀茂川形成相當大片的積水區域，再次成為庭園池塘，至今仍然保留著太古湖水的遺跡。

山紫水明處

夏冬兩季的嚴峻氣候，在學術上屬於內陸型氣候，但若這是源於湖底風土，那麼春秋的季節之美同樣可以被視為湖底風土的產物。因此，京都人能夠接受，夏冬是享受春秋的代價。如此說來，神泉苑既是夏冬嚴峻的根底，也是春秋恬靜的本源。京都所蘊含的季節秘密，正可以

山紫水明，賞心悅目；在山陽的枕邊，隱約能聽到賀茂川千鳥的啼聲。

透過位處湖底風土中心的神泉苑來加以闡明。

平安京建立之時，曾進行大規模的治水工程。在現行的上賀茂與下鴨之間，開鑿出賀茂川的新河道，將原賀茂川的水流導向鴨川（賀茂川與高野川匯流後的下流名稱）。於是原賀茂川在水量減少之後，形成了現在的堀川，而神泉苑則被打造成庭園內的水池。延曆十九年（八〇〇），桓武天皇遊覽此地後，宮廷便於春、秋兩季舉辦宴會，特別是於九月九日重陽節賞菊並賜宴群臣成為了慣例。平安初期的三漢詩集《凌雲》、《文華秀麗》、《經國》中便記載了眾多歌頌苑池風光、愉快享受酒宴的詩篇。然而，神泉苑雖是禁苑，卻非與

比叡山畔的賴山陽故居

民間隔絕的存在。在貞觀四年（八六二）京都井水乾涸之時，曾開放水池讓人們汲取。到了隔年五月，神泉苑舉行驅除瘟神作怪的御靈會（鎮魂儀式）期間，大開四方之門，允許人們隨意出入參觀，祈雨祝禱、消災解厄的心意也都被帶入此地，這是一個非常有趣的事實。因此，京都的苑池不僅僅是宮廷的禁苑。林中放養鹿群，在池水近乎盈溢的大水塘裡，漂浮著無邊無際的荷葉，綻放出美麗的蓮花。新設的釣臺上還可看到終日垂釣者，而南側則是瀧殿，泉水灑落猶如晾曬布匹，頗有風情。

在王朝時代[8]的京都市內，以神泉苑為典型的景色，似乎隨處可見。尤其以成為貴族宅邸，被稱為池亭、水閣者居多。坐落在神泉苑東側，二條之南，西洞院以西的閑院，曾是藤原冬嗣[9]的宅邸，壯闊的庭園池畔，柳樹成蔭、松濤作響，據說即使是炎夏，在這裡也會感到寒冷。王朝時代的宅邸想必都有座廣大的水池，這種特徵想來是源於京都的地理環境。

京都曾是庭園水池之都。今天的京都市區仍保留出水、今出川等地名，證明此地曾有泉水湧出。在堀川筋上一帶，許多與茶道有淵源的名泉，可將這一切視為由湖底的地理性質衍生的產物。令人喜悅地，這些泉水都很清澈。賴山陽[10]為其舊居命名山紫水明處，其實是對京都的讚美之詞，從古代經過幕府末期到現代仍然通用。從保存在鴨河畔、丸太町通三本木通北側的窄小舊居，可眺望高聳的比叡山與平緩的東山三十六峰，二者呈現出趣味盎然的對比。京都群山之美令人深深陶醉，而且所有的流水都清澈明亮，而不僅僅有鴨川之水而已。

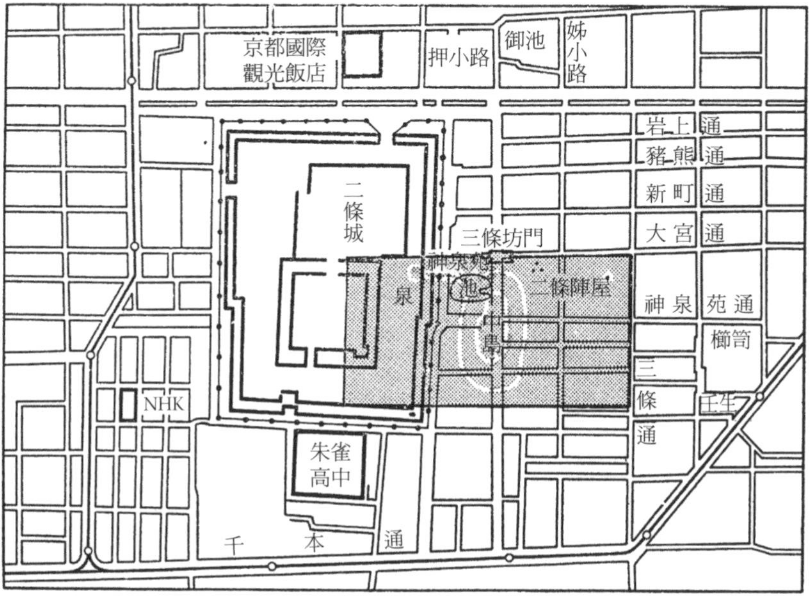

神泉苑復原圖 即使這座大苑池現今尚存半町平方，人們仍然擔心它是否終將完全消失。（引自西田直二郎博士的《京都史跡研究》）

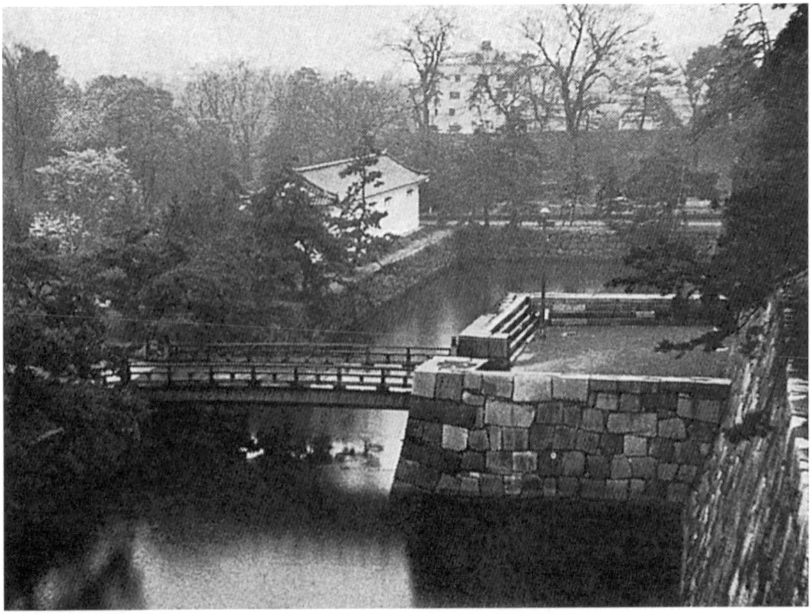

對京都朝廷施加威壓感的德川二條城，其苑池之水也是往昔禁苑之水。

自然遺產

進入中世[11]後，神泉苑逐漸荒廢，早非皇家專屬，甚至什麼都不是，而且搭建起賤民屋舍。但此地在酷暑旱災時仍舉行祈雨儀式，舉辦儀式時會打掃水池。在王朝時代的往昔，曾經一遇旱災，朝廷就會奉幣（供獻）給有資格接納官幣的二十一家神社，並派遣稱作「清掃敕使」的使者前往神泉苑，由官人（官員）親手打掃。到了室町時代，例如文安四年（一四四七）五月旱災時，則是由五山[12]受命祈禱，而隸屬於侍所[13]、名為「開闔」的下吏則會徵用人民伕役打掃神泉苑。即使歷經時代的變遷，二十一社和五山、清掃敕使及侍所開闔、官人及人民伕役，對神泉苑的信仰仍然不變。反倒是徵用人民打掃，更加深了京都各町之間的緊密關係。我想，「御池」這個暱稱可能就是在這個時候出現。

然而，慶長七年（一六〇二）德川氏建造二條城，對水池造成決定性的破壞。彷佛是對古老的信仰發起挑戰，神泉苑的北邊被削去了大半，遠古的湧泉直接注入城內的水池。新一代的封建君主對神泉苑的關注，顯示這個地方作為京都的中心確實不容忽視。然而，受損後的神泉苑遭到周邊人家的蠶食，終至縮減為如今每個邊長半町的大小。元和年間（一六一五－一六二四），筑紫僧人覺雅請求朝廷將該地建為寺院，之後其隸屬於東寺寶菩提院至今。即使如此，神泉苑仍然是京都最古老的自然遺跡，更是王朝以來的風土中心。京都人是否應該更重視這座泉池呢！二條城因觀光而繁榮，也造成神泉苑喪失其信仰意義，在現實中成為幼稚園稚童的遊樂場，長年污濁被置之不理。更令人憂心的是，隨著周邊高層建築的建設，過去未曾枯竭的池水可能因而乾涸。自然與文化遺產渾然融於一體的御池不可滅絕。若是好好的進行維護，我想就不會發生「要追求信仰還是觀光」的爭議。

第一章

京都的古代人：賀茂

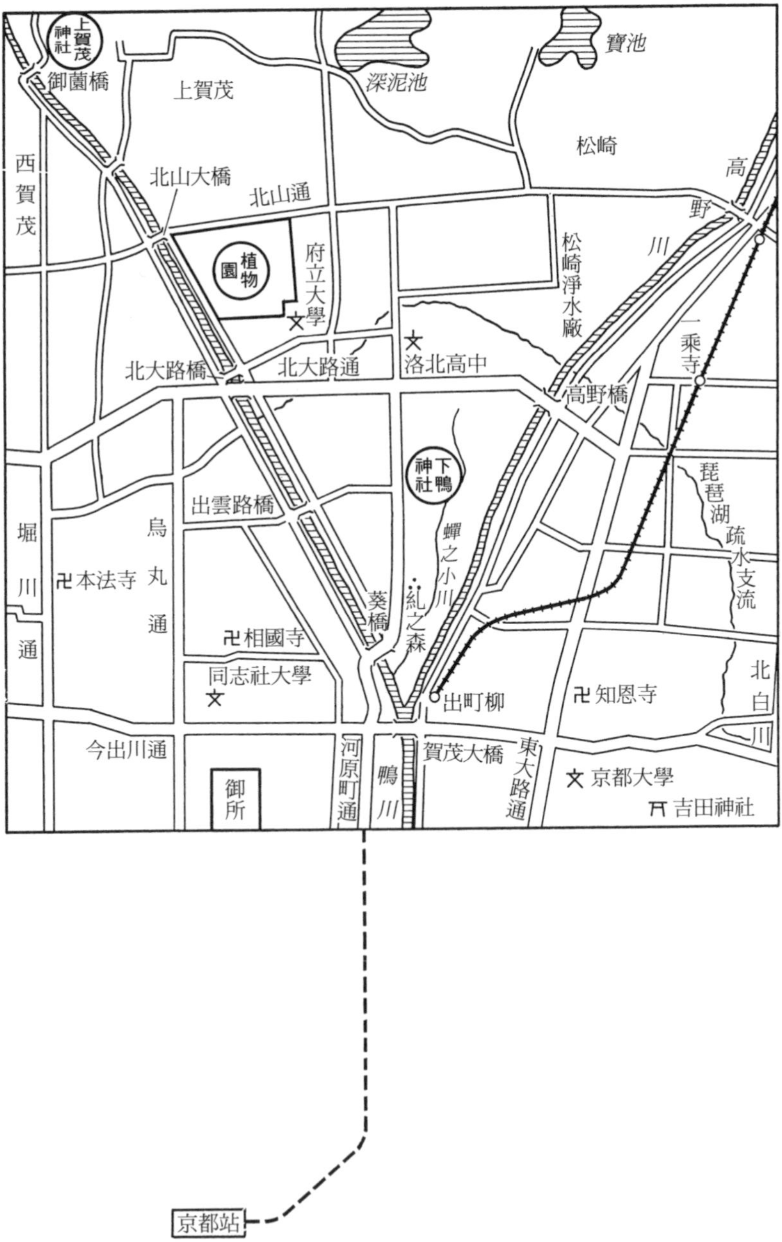

前頁：作為神話世界的上賀茂神社

繩文時代便有土瓶（陶製酒器）令人驚訝，而這些陶器至今型態未變，更是驚人。

繩文遺跡

昭和三十六年（一九六一）八月，北白川北側的一乘寺向畑町進行都市計畫的土地重劃時，在道路工程的工地發現了繩文時代的遺跡。特別是第一層的棕土層，因挖掘出繩文時代的罕見土瓶而備受矚目。挖掘現場的京都大學、立命館大學的學生曬得炭黑、滿身大汗的為我解說。根據他們的說明，工地自地表往下的地層為：棕土層、黃砂土層、黑土層及白砂土層。在土瓶出土的棕土層中，挖掘到約三、四千年前，繩文後期的土器。其實更重要的是，在黑土層出現約七千年前，繩文早期即將結束時的新土器。這批新發現的繩文早期土器，徹底推翻了既有的推論，顯示這一帶最早的聚落出現於七、八千年前，而非五千年前。京都的歷史至少可追溯到七千年前，這可謂一項重大收穫，而聚落從繩文早期存續到後期，也是耐人尋味的事實。

京都盆地內最初有人居住之地，據說是高野川與白川泥沙堆積而成的北白川，以及在同樣作用下，由賀茂川產生的上賀茂「谷口沖積扇」地區，這是在河谷出口處形成如扇形要塞的泥沙堆積地帶。早前，左京區的北白川一帶就已有繩文中期的土器、石器等的出土遺跡，前述的一乘寺向畑町是其向北延伸處。此外，在上賀茂的賀茂別雷神社的後山，也挖掘出同時期的土器。如此一來就能推測出，文化是萌生於北方山地到盆地入口之間的丘陵地帶。這些京都的繩文人，必然是在水鄉澤國的上賀茂、北白川周邊地區過著狩獵及漁撈的生活。而定居於大和吉野的繩文人，在《古事記》、《日本書紀》中被稱作「國栖」或是「生尾人」等，而同時代的京都人也被稱為「國栖」、「土蜘蛛」，前後兩者應是同類。

後來的彌生時代遺跡，則如最近（編按：本書出版於一九五六年）在鳥羽附近的發現所示，出乎意料的稀少。京都府的南部地區在整體上都是如此。該地在進入農耕社會後，在大和國家的勢力到來之前，皆處於停滯時期。想來是因為該地位處內陸，導致彌生文化的停滯。

我們理所當然地認為，京都盆地的新文化是從大阪灣循著淀川水系流入，但若這樣的流向最初被京都湖底性及江灣性的地勢所堵塞，我們就必須考慮文化傳播可能是經由丹波的日本海而來。丹波國分裂出丹後國是在和銅六年（七一三）四月，而在此之前的丹波國背靠京都盆地，是包含丹後五郡的大國。而丹後地方經由日本海，很早就受到大陸文化的影響，各地散布著如函石濱等彌生文化的遺跡。在函石濱遺跡，曾發現漢代王莽時期製造的「貨泉」（錢幣），可知該地與大陸的關係非比尋常。然而，這類經由日本海而來的文化影響，受到丹波的高原地帶阻擾，未必能直接波及他處。然而，值得我們高度關注的是，在高原的南端——龜岡市千歲町的出雲神社範圍內發現了磨製石斧與彌生式土器。這樣的事實明確指出，肩負著出雲信仰之人是逐漸從北往南擴張，只要從龜岡越過老之坂的山口，京都盆地就直接於眼前展開。

這樣看來，將彌生式農耕文化導入京都盆地的，應該是自丹波南下的出雲系氏族，據說他們定居在下賀茂一帶。奈良時代神龜三年（七二六）的計帳上便載有「出雲鄉」之名，是定居此地的大型聚落「出雲臣」，推測地點應該為今日的出雲路橋西岸。雖然目前沒有任何證據能證明，出雲鄉的居民是否自彌生時代就陸續在此落地生根，但他們取道出雲路進入盆地的歷史，我想至少可以追溯到史前時代。

山城

大和之地在三世紀形成了國家。從那時起，這片土地就成為「山城」國。《古事記》等文

中世上演勸進猿樂的下鴨神社森林公園，近來一片荒蕪。

獻一開始使用「山代」二字，後來改為「山背」，演變至平安時代後則寫作「山城」並廣為流傳。在《日本書記》崇神天皇篇裡，原始的山代是取倭香山之土祈禱「是倭國之物實」之處，此處的「物實」附註了「望能志呂」（MONOSHIRO）的讀音。「倭國之物實」即指「倭國」本身，正是武埴安彥用以祈願奪取國家的咒願。於是「SHIRO」是「實」，而「YAMASHIRO」即「山之實」，意為山的本身，具體指塑造山形的山林。換言之，「山代」兩個字是在表現樹木繁茂的山中之國。

即使在京都盆地周邊，也可發現數千年前居民與文化存在的痕跡，但從大和的角度來看，那不過是山裡的森林之國。將文化從大和傳播到山代的，正是賀茂的氏族，再早之前則屬於神話的範圍了。《山城國風土記》記載，賀茂建角身命從上天降臨日向曾之峰，成為神倭石余比古（即神武天皇）的引路人進入大和，投宿於大和葛木山之峰，再漸漸遷往山代國岡田的賀茂（相樂郡加茂町），然後順著木津川而下抵達葛野河（桂川與賀茂河匯流處）。他諦視賀茂河時曾說：「縱使狹小，石川為清川」，然後溯溪而上，鎮守於久我國以北的山基。此處的清川是替石川的瀨見小川命名，但現今下鴨神社內的小溪卻被稱作蟬小川，我想這原本就是附會之說。後來，久我國的北之山基被喚作賀茂，是指賀茂川上游、西賀茂的大宮之森，傳說該地才是最初的下鴨神社所在地。

這則賀茂傳說的前半段巧妙傳達了肩負大和文化的賀茂氏族，進入山代中心盆地的路徑。賀茂一族因奉八咫烏為祖先，而被視為鳥圖騰氏族，這項傳承與其曾任神武天皇引路人，是互為表裡的關係。鎮守於糺之森南側的河合神社（賀茂御祖神社的攝社[1]）則是該地的地主神（土地守護神），相當有趣的是，其迴廊又祀奉有小烏社，也許這才是賀茂社的原型。在這個地方，大和系氏族與出雲系氏族偶然的接觸。來自北方與南方的兩支氏族與文化並未在這裡相互鬥爭，而是巧妙融合。在神話世界中，賀茂建角身命迎娶丹波國神野的神伊可古夜日女，然後生下玉依日子、玉依日賣。丹波神祇應該可視為出雲路上的出雲信仰傳播者。賀茂的氏族與其神祇便因此創造出結合大和系與出雲系的文化與信仰。該文化與信仰的主體不需多言，即是農耕。

在賀茂傳說的後半段，玉依日賣在石川的瀨見小川戲水時，一支丹塗矢自上游順流而下，她拿起這支丹塗矢插入地面的角邊，因而受孕生下一名男孩。據說到了男孩成年時，外祖父建角身命打造出八尋屋，立起八道門，並釀造八腹酒，召集眾神舉辦七天七夜的宴席後，建角身命向男孩說：「你若認為誰是你的父親，就讓他喝下這杯酒。」男孩隨即舉起酒杯朝天獻祭，同時穿破屋瓦後升天。男孩承繼外祖父之名，被命名為「可茂別雷命」，所謂的丹塗矢，便是乙訓郡之社的火雷神。換言之，男孩的父神是天上的雷神。這雖是著名的神祇婚姻傳說，卻建立在農耕信仰的基礎上，相信所有人對這點都沒有異議。無論古今，對農民而言，最強烈祈望的是及時雨，而乾旱時帶來甘霖的正是雷鳴，古人因而感受到神祇絕非憑空杜撰。歷史也有記載向乙訓郡火雷神祈雨的實際描述，例如《續日本紀》（卷第二）記載，大寶二年（七〇二）七月：「山背國乙訓郡之火雷神，逢旱祈雨頻有靈驗，宜入大幣及月次幣例。」這即是現今位於向日町的向神社。

因此，賀茂社在供奉賀茂一族祖神的同時，加強了農耕神的性格，從其傳承的祭神儀式可窺見這點，例如賀茂競馬的傳說。欽明天皇時，普天之下滿城風雨，百姓憂愁，因據信為賀茂神祇降禍，所以在四月吉日，選定中酉日（今天的五月十五日），要替馬掛上鈴鐺，人戴上豬頭，驅馳以祭祀、慰勞神祇，才能五穀豐收、歲豐年稔。在這則傳說中可見以動物獻祭天神，與占卜該年豐耗的習慣。另一個例子則是鳥相撲。直到今天，上賀茂神社仍會在重陽節舉辦稱之為鳥相撲的祭神儀式。如前所述，鳥與賀茂神祇淵源極深，鳥相撲與競馬都有占卜當年豐歉的意涵。一般提及賀茂時，通常會想到的是每年五月十五日的葵祭，意即在王朝繪卷的概念下，了解賀茂全貌相當容易。然而，葵祭雖稱之為「祭」，但其最有特點的卻是從宮廷出發至賀茂的敕使行列。自古以來即為以轎車相連，搭建成的觀賞臺，但出乎意料地，京都人不太為此感動。雖然賀茂富有神話色彩，但也縈繞著土俗民情。

京都的重心

四世紀之後，以大和為中心的國家體制確立，進入了推動國內統一並向朝鮮發動戰爭的階段。在這過程中，理所當然不僅有文化的影響，還可窺見權力的滲透。大和國家的統治方式，是將長成於各地的小國家編制為縣，並將統轄該地共同體者封為縣主，讓他統治當地。大和的縣主與大王締結婚姻關係，筑紫等地的縣主則被大和國家平定、進而成為從屬。山代一如過去的賀茂一帶，是被稱作久我國的小國家。隨著從前分立的小國家，接連被重新編制為縣，京都盆地也被設置了葛野縣及宇治的栗隈縣等。越過北山，則是丹波的桑田縣，賀茂之地被設為鴨縣，其後則與葛野縣合併，並受葛野鴨縣主管轄，相當於後來的葛野郡及愛宕郡一帶。據《山

在半木之林中有一座不為人知的靜謐小祠，據說昔日的秦氏曾對其抱有信仰之情。

城國風土記逸文》所記，賀茂縣主的起源如下：「玉依日子是今日賀茂縣主之遠祖。」先前，曾在神祇婚姻的神話中隱晦提及，於此脈絡下，可以將賀茂縣主視為此盆地最初的統治者也無妨。後來，該系譜被上下賀茂的神官[2]家承繼。

上賀茂社的周圍有著以縣主後裔、農家為主形成的鄉里。中世時期的上賀茂六鄉等鄉里是被淺溝圍繞的各社家[3]，縈繞著共通的靜謐氛圍，是今日仍留有古時家戶景觀之處。數年前，前述社家之一的M家，捐獻一整箱古文書給我工作的大學作為研究史料。開蓋後，箱內裝滿元龜、天正至幕末時期（約十六世紀後期至十九世紀後期）的

東洋首屈一指的大型熱帶植物溫室在大正十三年（一九二四）開園，值得一遊。

文書、紀錄等。這些珍貴的資料，竟然在不知不覺中保存至今。不過上賀茂鄉的現代化也非遙不可及。隨著賀茂川沿岸高速公路的建成，以及更上游的高爾夫球場的興建，這已經成為一個迫在眉睫的現實問題。

再來看下鴨社，其糺之森因昭和九年（一九三四）侵襲近畿地區的颱風而一片狼藉，其後則受都市蠶食，逐漸變為商店、住宅區。即使如此，仍是市區裡罕見的茂林，之中隱約可見家事法院的白色建築，北側則是生活科學研究所的大樓。森嚴的神話世界，直接觸及最現實的人類世界之境，令人倍感今天賀茂的獨特之處。戰後，位處賀茂中心的府立植物園被接收，而且短暫出現美國村。這是在千年歷史中，令人意想不到的巨變。昭和三十六年（一九六一）五月，整建過後的植物園打破長久以來的沉寂，重新開幕。清爽的日光灑落於此，植物園聳立於混雜綻放的七色鬱金香之中，更擁有一座裝置近代設備的大型溫室。這與其說要替賀茂，不如說是替京都增添了新的魅力。植物園中央，設有些許被池塘包圍的小祠，即半木神社。「半木」意指漂流木，它是與賀茂流水有著深厚淵源的上賀茂神社之攝社。舊事物不排拒新事物，新事物也追尋著舊事物。在這樣的京都，古老世界與新興世界恍若為彼此點綴，因而不可將其視為裝飾品。自平安京奠都以降，賀茂之地就已被置於京都的重心地位。

第二章　古都以前：太秦

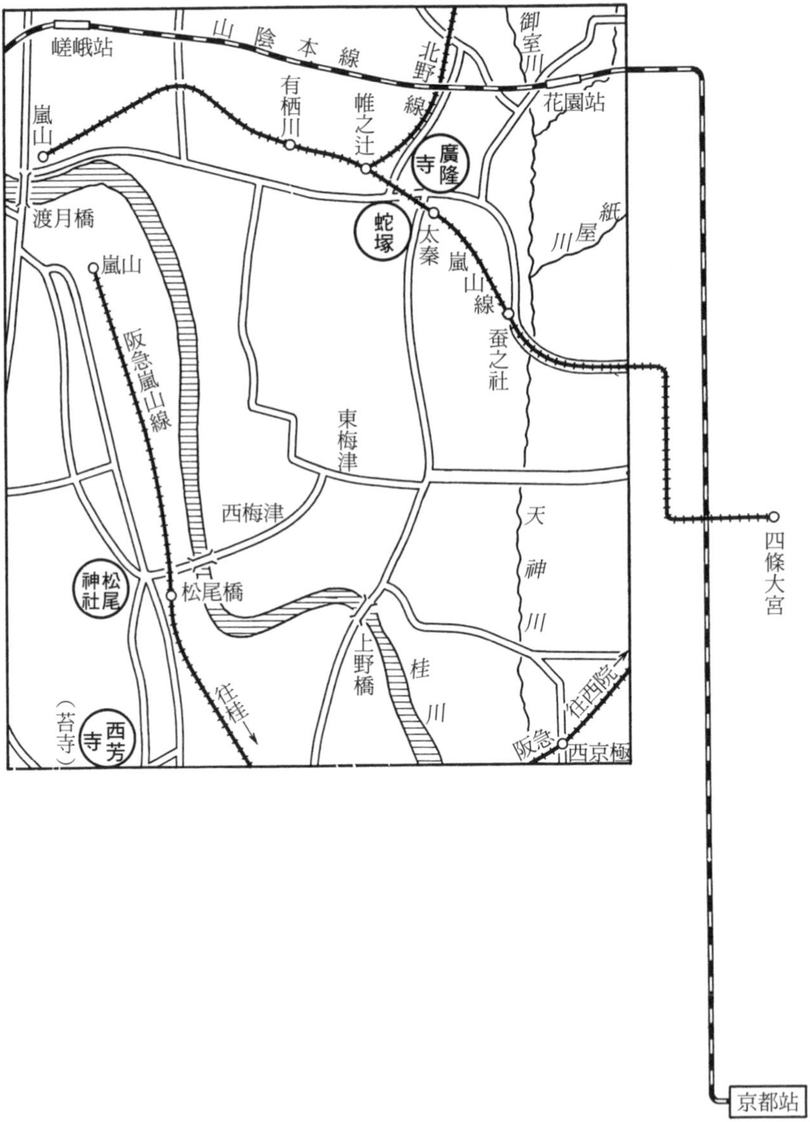

前頁：令人想起法隆寺夢殿的桂宮院

由於周遭地價飛漲，正面臨存續危機的蛇塚。

歷史的心跳

京都盆地登上日本歷史舞臺的開端，可追溯至五世紀後，當時中國、朝鮮等地的歸化人[1]紛紛來此定居。京都盆地的洛西[2]又名太秦之地。由於這裡是著名國寶廣隆寺的所在地，太秦之名才變得廣為人知。在古老的京都歷史中，太秦有很長一段時間是易於被遺忘的區域。太秦的牛祭是著名的奇特祭典，因此讓人深倍感該地是與「都」隔絕開來的邊鄙之境。在平安京這座都市形成後，或許只要踏出條坊的矩陣一步，都讓人感覺來到了鄉村，再加上西京早就衰退，更加深了這份感受。今天某些京都市區的居民，仍無法抹滅這種自古代以來長期培養的印象。儘管太秦正急速的都市化，但市區消費的蔬菜仍有許多由這一帶供應，由此而生的近郊農村印象也難以否定。然而，太秦作為代表京都歷史文化的區域，我們不可忽視。

相傳在應神天皇時期[3]，大和國家與大陸的關係急速加深，促成眾多中國、朝鮮的歸化人渡海而來。代表性的例子，即是秦始皇的子孫弓月君（融通王）自百濟率領一百二十縣之民來到日本，並因而將此傳說推斷為四世紀末到五世紀，約等於應神天皇的時代，若再對照大和國家經營南鮮[4]的實際狀況，便知是頗為恰當的年代區分。弓月君率領的大部分氏族，皆以葛野地方[5]為根據地。他們先從改良該地的濕潤土質開始，在流經該地的桂川設置大堰、調節水量，並用來拓墾與灌溉。現代日本流行設置水壩，以便發電。雖然目的與規模大相逕庭，但還是可以把這一帶視為後來建造水壩的始祖。秦氏以其全族之力，聚眾建造，被譽為天下無可匹敵。以古代人而言，這確實是令人驚嘆的技術。由此可見，在水利工程方面，歸化人顯得格外天賦異稟。仁德天皇十一年（三二三）開拓河內平原，在建造具劃時代意義的茨田堤時也是如此，雖然勞力是徵調該地豪族茨田連的私民[6]、東國直轄地的農民等，但技術指導卻由該年朝貢而來的新羅人負責。此後，桂川甚至被稱作大堰川，由此便知，桂川大堰長期保障了葛野地方的繁榮。雖然這項工程的確切地點早已不得而知，但就掐住保津川的急流流向盆地咽喉處這點來思考，幾乎就能斷定是位於現今的嵐峽千鳥淵一帶。這項工程絕非易事，但因此所帶來的影響，如提升下游開發與促進灌溉便利等著實不可計量。

秦氏計劃在該地進行大規模屯墾，形成其活動的根據地。在關於太秦的起源傳說中，秦氏帶來的技術不只農耕，還帶來養蠶、紡織，這是另一項眾所皆知的事實。當時，歸化人擁有的優異技術最受臣姓、連姓[7]等豪族欽羨；因此豪族動輒分散秦民以便驅使。但雄略天皇時又召集散落的秦民，並賜予其首長秦酒公，此後他們便向朝廷獻上堆滿的絹縑作為庸調[8]。為了獎勵，秦酒公被賜予太秦之姓，這個姓也成為地名的由來。由此可見，太秦是日本古代最具生產力的地區，定居該處的秦氏則是最大的生產氏族。甚至是因為秦氏來此定居，才讓該盆地得以一舉躍上歷史的舞臺。

其後，由於繼體天皇政權（統治期五〇七至五三七年）經營朝鮮南部失敗，導致大和國家的政治動盪，迎來內亂範圍極廣的時期。在平定亂事的欽明天皇之下，秦氏與蘇我氏一同被賦予非常重要的政治地位。例如：鄰接葛野之伏見深草里的秦民大津父，便受聘到欽明朝廷（五四〇至五七一年）的大藏省[9]擔任秦伴造，統領當時的秦氏七〇五三戶。該地設置於朝廷直轄地的屯倉，被稱為深草屯倉。由此可知，伏見深草的秦氏特別因為管理、經營屯倉，而與朝廷締結特殊關係，進而發展到負責大和國家的財政。其後，更開啟了京都盆地西部到東南部的顯著發展。

環視千葉的葛野，
可見百千家庭，
亦可見國之興旺。

此為應神天皇創作的著名歌謠，是能藉此一探六世紀時該地繁榮景象的民謠。成為古都之前的京都盆地樣貌，極其生動地被以此歌謠傳誦歌唱。

在太秦的中央，嵐山電車站「帷之辻」的南側，攝影棚街區後方有座名為蛇塚的巨石古墳。蛇塚為後期的橫穴式古墳[10]，雖因封土流失而露出石室，卻是京都盆地內現存最古老的墓地，雄偉程度可匹敵據傳為蘇我大臣墓的大和石舞臺。據推測，蛇塚建於六世紀末，能在這塊土地上建造出如此規模的墳墓者唯有秦氏了，我們可將其看作誇示氏族權勢與力量的墓塚。周邊也有其他諸如天塚古墳等眾多古墳群聚，應將它們與秦氏的關係一同考量進去。當我造訪太秦並站上蛇塚，緬懷京都誕生之前的歲月時，便強烈感受到歷史的心跳。

太子殿下

推古天皇十一年（六〇三），當時的氏族領袖秦河勝受聖德太子之託，建造廣隆寺（原名

森鷗外《山椒太夫》中的國分寺；由於離電影製片廠很近，這間赤堂經常成為外景拍攝對象。

蜂岡寺），將秦氏的繁榮不息的及其財力表露無遺。最初，廣隆寺建於葛野的九條河原（今仍留有川勝寺的地名），並在平安奠都時遷徙至太秦。寺藏的國寶彌勒菩薩像半跏[11]思惟的模樣，著實太過著名。廣隆寺雖背負太子發願之名，但從其秦公寺的別稱來看，其實是秦氏所建的氏寺（宗祠），是為加強氏族向心力的核心存在。

關於秦河勝，流傳著意味深長的傳說。根據《日本書紀》，在大化改新前夕的皇極天皇三年（六四四）秋天，住在東國富士川畔一個名為大生部多之人，鼓吹當地居民祭祀一種被稱為「常世神」、形貌似蠶的蟲子，並聲稱這將使貧窮者變富有、老人略微回春。這種民間信仰很快便廣為流傳，致使民家奉獻財寶，競相祭祀常世之蟲。在這則傳說中，對蟲的敬拜本身即蘊含濃厚的精靈信仰意涵，那並非氏族的祖靈，卻表現出要賜予壽福給所有人的型態，因此其包含了祖靈信仰所無法容納的普遍信仰。在這種民間信仰逐漸往西擴散的同時，葛野的秦河勝（造姓）憎惡人民被迷惑，因而討伐大生部多。除了打破迷信，信奉佛教的秦河勝或許認為這種民間信仰將妨礙佛教的普及。從迷信中醒悟過來的民眾讚頌秦河勝道：「太秦徽治了被稱為神中之神的常世神。」這類傳說雖不可全信，卻表現出秦河勝是走在時代前端的開明之士，篤信佛教卻能看透社會前途。現存於廣隆寺的秦河勝像製作於藤原時代[12]，其眼睛奇特上吊的神像形象，應被記憶為京都文化最初的先驅者形象。

今日的廣隆寺本體，奠都後曾兩度遭逢被焚毀殆盡的厄運，除了永萬元年（一一六五）重建的講堂留存下來，堂塔遺址則無法確定，因而無法見識到古代秦公寺的盛況。即使如此，如今留存下來的是俗稱赤堂的講堂，安放著承和年間（八三四至八四八）首次重建時的莊嚴古佛，甚是壯觀。然而，廣隆寺能在中、近世存續下來，並非因為秦公寺的信仰，反倒是基於發願者聖德太子的信仰。

今日的京都人即使不知廣隆寺之名，也熟悉「太秦的太子殿下」這句話。這來自建造平安京時大力奉獻的秦氏勢力，在其衰退後所出現的寺院復興政策。我認為秦氏之所以衰退，是建都耗盡氏族的所有勢力，因犧牲浩大而衰亡。對此，秦氏一族應不是毫無想法，或許他們想藉

位於東山通深處、僅存五重塔的寺廟；其名為法觀寺卻不為人知。

此與新興貴族藤原氏結盟，並企圖透過實質擔負帝都的經營來開拓政治勢力。實際上，在平安京初始的政界裡，秦氏的參與在所有擔負實務者中相當亮眼，但最後卻淪為藤原氏興榮的墊腳石。因此，秦公寺不得不思考新的生存之道。

鎌倉時代後，愈發興盛的太子信仰被巧妙利用於此。建長三年（一二五一），藉著西大寺叡尊的弟子澄禪之手，寺內打造出桂宮院的八角圓堂，安置太子的十六歲孝養像。鋪設檜皮的平緩屋頂下，設有簷廊的柔和外觀。內部的天井呈八角型，並鋪設板材、不設柱體，而且地面全然平坦，可見極為注重細節。八角圓堂的設計不消說，是受法隆寺夢殿的影響，但前者並非設立於威嚴的石壇上，而是置於平易近人的平面。換言之，其可說是庶民之中太子信仰的產物。現今的廣隆寺腹地，門前有嵐山電車行經，是為右京區的中心，但其左右被警察、消防署等夾攻，縈繞被塵俗掩覆之感。然而，那份對太子寺院的熟悉感，就如大阪四天王寺般持續存在著。僅靠這點，當然無法對維持寺院勢力有所助益，而戰後成為「第一號國寶」的彌勒菩薩半跏思惟像，現在則是支撐寺院財務的要角。

東山的法觀寺與洛西的廣隆寺齊名。今日的寺院往往都是融入城鎮的風貌，而從這點來看，這兩座寺院極為相似。據說法觀寺同樣由聖德太子發願，並於崇峻天皇二年（五八九）建成，由佔據法觀寺所在地的八坂鄉、名為意利佐的高麗貢調使後裔所創立。這支來自高麗的移民氏族以相樂郡的上狛、下狛創建高麗寺為根據地。此外，人們稱為「八坂造」的八坂鄉當地氏族，在敬拜應為祇園社前身的神社，還建立了八坂寺。遺憾的是，八坂寺甚早就遭逢災患而衰亡，僅僅留下室町時代永享十二年（一四四〇）重建的五重塔，替東山景觀增添風情。其與廣隆寺雷同，淵源都早於古都，是重要的紀念之物。應仁、文明之亂讓京都化為焦土，但法觀寺幸運躲過將各式文物焚燒殆盡的戰火，並留存至今，因而令人感慨至深。在當時仍相當低矮的京都人家中，五重塔醒目聳立，或許僅是每天清晨的持續仰望，就能成為市民努力過活時的強力支柱。截至明治時代，塔的最上層都設有瞭望臺，可由此展望京都。據說中世爭奪京都的軍兵都要搶先在塔上圍上一圈印有紋章的帷幕，作為佔領京都的標記。這是空飄廣告汽球的中世版本，可謂攫取京都人心的戰術。以上是坊間傳聞，不知可信度如何。但如同廣隆寺彌勒菩薩像的法觀寺五重塔，都已轉變為「京都觀光」的象徵，這就無需贅言了。

松尾與稻荷

秦氏是古都之前最具有代表性的京都人，他們以太秦為中心往西、東拓展出去。從太秦廣隆寺往東約四町距離的地方，有處被稱為蠶社的森林，如同那被奉為機織的祖神，展現出秦氏活動的痕跡。時至大寶元年（七〇一），向西延伸的葛野秦氏在秦都里的分靈恭迎下，設置松尾神社。伴隨歷史流逝，該神社展現出信仰的變遷，我想這是古人從神殿後方自松尾山流下的莊嚴瀑布，感受到神祇降臨的神聖。

進入平安時代後，身為賀茂別雷神父神的祭神[13]大山咋命，因而與賀茂社有關。在賀茂傳說中，父神早被認定是乙訓郡的火雷神，但以同屬農耕神這點來聯想，全國各處的神祇皆有連結，無法單單把氏神[14]視為日本神祇的特徵。後來在江戶時代，大山咋命終於以釀酒之神在信仰層面獲得勝利。從祈禱稻穀豐收，轉變為酒的釀造，以大嘗會的儀式來看，可視為自然的變化。而其神格從農耕轉換為釀酒這種近代產業，如此精彩轉折，令人不得不折服於神社的經營手腕。

松尾神社，從嵐山往西芳寺（苔寺）的路上，觀光巴士絡繹不絕。

據說在和銅四年（七一一），深草秦氏的秦伊呂具創設稻荷神社。自秦大津父以來，該地早就是秦氏的根據地之一，同樣都是供奉農耕神。原是鎮守於稻荷三峰山上，其後，社殿被遷往現今的所在地。據說，繞山巡拜的源流來自巡迴古老的神域。太秦的氏族最初在以機織為中心的生產活動上表現優異，然而深草氏族是否更展現出擅長交易的才能呢？在甚早的年代，大津父在伊勢地方往來行商的說法也見於《日本書紀・欽明紀》，這似乎反映出其交易手腕。因盆地內日益充實的生產力，佔據有利交通要衝的該地人民甚至發展到可與遠方交易，算來應是需受矚目的發展。今日的稻荷神社被視為商業繁榮的神祇而香火鼎旺，卻非源於前述發展。不管如何，如果這間神社仍是秦氏的神社，就無法在歷史中存活下來。平安京建立之後，稻荷神社與東寺聯合舉辦稻荷祭，並將下京松原以南的商業地帶納入氏子區域（廟宇轄區），這才是香火鼎盛的真正關鍵。

第三章　平安京的風貌：東寺

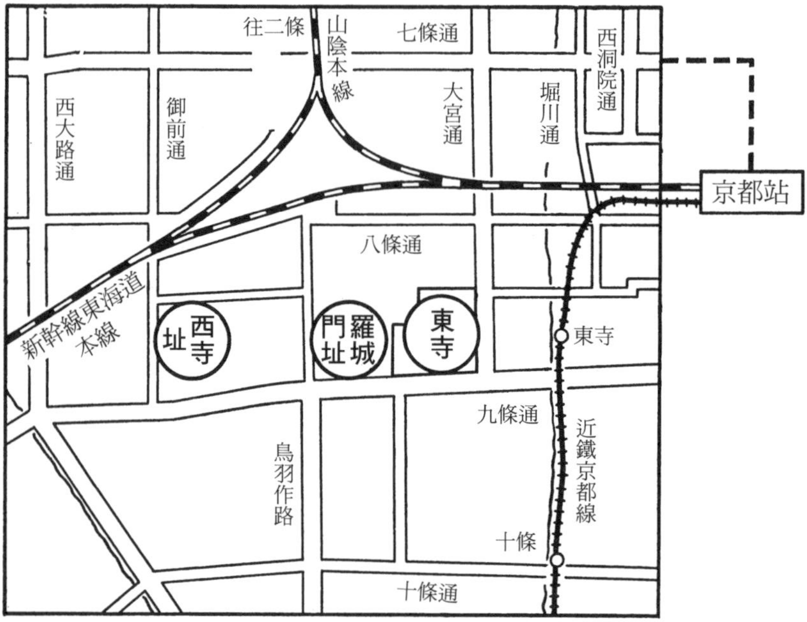

前頁：傳聞曾有鬼出沒的羅城門遺址

平安神宮是一座宏偉的仿造建築，相較於平安京的朝堂院，其比例為五比八；而其神苑為大正時期的造園，極具代表性。

棋盤格

近期作為京都觀光寵兒登場的東山觀光車道，將山林殘存的大自然破壞殆盡，當初蒙受諸多批評。然而，它卻向大眾提供了山頂夜景，這是在過去不為人知的嶄新視角。如此一來，讓原本應該眾所熟知的京都棋盤狀矩陣，浮現於新添加的美麗霓虹燈彩之後。自山頂眺望，或許就能了解外人所難以明瞭的上行、下行、東入、西入（北側、南側、東側、西側）等路徑標示方式其實是合理的。京都的「古都」印象，確實是源自於方方正正的街道。劃設如此壯闊的方陣，再以此為基礎建設都城的政治、經濟力量，說到底究竟從何而生？

在華麗的天平文化[1]背後，平城京（奈良）的社會隱藏許多矛盾，也是政治鬥爭與內亂的舞臺，這都是不可抹滅的史實。特別是天平十二年（七四〇）九月，雖然在遙遠的西國，但在藤原廣嗣之亂後，建都恭仁京、興建甲賀宮與遷都難波宮等，在在伴隨著國都動盪而行。為突破這團政治混亂的重圍，還進行了大佛開眼。然而，這種不得不依靠佛教神靈奇蹟的政界情勢，更進一步放寬了如玄昉和道鏡等僧侶對政治的介入，致使情況更加頹廢。其後進入光仁朝，在藤原百川（式家）等領頭下，突破危機的行動愈發明顯，接著在桓武朝後，奠都山背的問題作為積極對策之一浮上檯面。

同一時期的山背國，首先由早期在葛野和紀伊郡擴展勢力的秦氏提升了該地的生產力，並拓展了貿易圈的範圍，將該地已經發展到無法忽視的地步，成為大和地區的重要腹地。此外，愛宕郡的出雲鄉人，據神龜三年（七二六）的《山背國愛宕郡出雲鄉計帳》記載，從八位勳十二等的出雲臣真足以下十七戶內，有十六戶被稱作出雲臣的人，比如：真足出任律令政府的官人，被授與五町九反多的班田[2]並定居於此。然而細看其家族人口，總戶口雖由四十一人（男十九、女一三、奴六、婢三）組成，卻處於十一人逃亡，九人在筑紫，總計二十人不在此處的狀態，而且逃亡者中有七人是介於二十一歲到五十二歲之間，正值勞動盛年的奴婢。換言之，這片土地身深受律令制的直接影響，也是令人感到強烈矛盾的地方。

因此，山背被列為重整律令制而遷都的候選地之一，不算過於唐突，另外也歸功於秦氏積極推動今日所謂的「宣傳設都運動」。觀察山背國的郡司層級，紀伊、葛野郡等多由秦氏佔據，並將該國豪族的性格表露無遺。他們期待將故里變為都城。接下來的秦朝元與秦島麻呂，則背負著氏族眾望於歷史中現身。

首先在延曆三年（七八四）十一月規劃於現今乙訓郡向日町的雞冠井附近，建設所謂的長岡京。百川之姪藤原種繼為造宮大夫，是因為外祖父秦朝元對他的支持。然而在隔年，建都的中心人物藤原種繼被暗殺，成為政治鬥爭下的犧牲者。延曆十二年（七九三）正月，建都計畫最終不得不中止。其後，新提案的是葛野郡宇太野一帶，中宮大夫和氣清麻呂提議藤原小黑麻呂為造宮大夫，並在其岳父秦島麻呂援助下動工。而正如先前所述，作為建都的前提已進行大規模治水工程，因此這次的建造工程順利展開。延曆十三年（七九四）十月，桓武天皇的車駕前進新京，發布遷都詔令。在「此國山河襟帶，於自然中建城，因斯之形勢應制定新制」之下，連國名都由山背改為山城。眾人歌頌新都，異口同聲稱其為「平安京」。

新京較平城京略為寬闊，東西一五〇八丈（約四五七〇公尺）、南北一七五三丈（約五三一二公尺），北側設大內裏。從大內裏的正面朱雀門入內，則為朝堂院；朝堂院中心是太極殿，為天皇聽政、舉辦重要儀式的處所，其他還建有內裏、官司等櫛比鱗次。朱雀門前，向南開展的大路是朱雀大路，寬二十八丈（約八十五公尺），並以此為中心，設置左右兩京的條坊。藉由東西南北走向的道路將其分割出來，長寬四方為一町，四町為一保，四保為一坊。推測，

雖然東寺因中世的戰亂而遭到毀壞，但還是留下許多文化遺產。

原本還計畫在平安京周圍興建高一丈（約三公尺）、寬六尺（約一點八公尺）的羅城（城牆），但最終未能實現。所以在朱雀大路的南端興建羅城門，以作為南側的都城正門。並在羅城門左右兩側，設置東寺和西寺。

護國寺

平安京是完全由人工打造的都市，作為國家權力中樞，是具有高度政治意涵的都市。創建於其中的東寺、西寺，與平城京的東大寺、西大寺相當，不只有護國的意涵，更蘊含禁止私人寺院、對寺院進行管制之意。

在守護王城方面，與東寺齊名的比

叡山延曆寺源於延曆七年（七八八），僧人最澄[3]建造根本中堂（一乘止觀院），但卻長期沒得到國家正式承認，僅被稱作比叡山寺的修行道場。由於為平息桓武天皇煩惱而祈禱的機緣，天台開宗獲得認可，但直到弘仁十三年（八二二）最澄逝世的隔年，才被允許使用延曆之寺名。其他諸如洛北的鞍馬寺，創立於延曆十五年（七九六），當時不過是東寺的造寺長官藤原伊勢人的私建寺院，雖然自命負責守護王城之北，但直到宇多天皇的寬平年間都未得到官方認可，其地位是到了峯延就任根本別當[4]（總本山僧官）時才終於鞏固。奠都時期創建的寺院，為延曆十七年（七九八）七月坂上田村麻呂[5]建造的清水寺，不過直到延曆二十四年十月，太政官符（官方文件）賜予土地才正式得到認可。此項特例或許是桓武朝期間，與平安奠都並列兩大功績的蝦夷平定之論功行賞。如此看來，當時創建的伽藍（寺院建築）配置仍留存至今，有著雄壯堂塔、展現出豐富古都表情的東寺，其地位就不言而喻了。一如東寺的正確名稱是教王護國寺，為極具政治色彩的官大寺，縱使協助宮廷加持祈福，卻未曾舉辦民眾的祈禱儀式。

一般而言，新京追求的理想是政治都市，但即使是作為市民交易場所的東西兩市，都單純追求都市整體的均衡美，而幾乎未曾考量到市民的生活。東寺、西寺亦同，這裡僅有著強烈的政治意圖，而這正是平安京的城市性格。直到今日，我們仍能從方正的條坊、佔地邊長二町的東寺，描繪出平安京的模樣。

當我們站在東寺的金堂旁邊，仰望高聳的五重塔、眺望南大門、回望講堂時，縱使這已非當初創建時的樣貌，但我們彷彿正瞻望其歷經千年風雪的雄姿。這些堂塔均建造於桃山時代，或與其相近的年代（僅五重塔重建於寬永十八年），這種桃山風格讓人隱約覺得與平安京創設時的雄大氣宇有相通之處。例如被塗得朱紅的金堂在慶長十一年（一六〇六）豐臣秀賴重建時，斗拱巧妙地融合了和式、唐式、天竺式等手法，並處理地毫無破綻。南都東大寺大佛殿的手法，被沿用到秀吉創建的京都方廣寺大佛殿，其後更影響了東寺的金堂。在這種技術的傳承中，東寺隱含著平安京的往昔。至於講堂諸尊，則是密宗藝術的代表作，森嚴氛圍滿溢講堂內部，召喚我們進入曼荼羅的世界。

我總是夢想從以東寺為中心的區塊重現平安京。隔著朱雀大路，與東寺對稱的西寺很早就遭到毀滅，如今僅存遺址，僅在其往西一町的唐橋處留存有些許繼承名稱的寺廟，將古瓦保存下來。朱雀大路南端的羅城門，同樣只剩石碑標示出遺址位置。然而，此處卻是平安京的正面中央，大路連接鳥羽作道，曾通往被稱作草津的鳥羽河港。自平安京出發，前往西國征討叛徒、海盜等的將士從羅城門開啟征途，也從這條大路凱旋歸來。嘉承三年（一一〇八）正月，平正盛討伐在山陰掀起叛亂的源義親，攜帶其首級回到平安京之際，路上擠滿京中男女，瘋狂、熱烈地歡迎平正盛入京。一行人特別從羅城門外的鳥羽作道走來，五名下人手持插在槍尖上、寫著義親等人名字、包裹在赤鰭[6]的敵人首級，後頭跟隨著攜帶弓箭、身著甲冑的步兵約四、五十人。後方是但馬守平正盛與隨侍百人一同前進，劍戟因日光而閃耀、弓馬連綿不絕而盛況空前。換言之，羅城門是王朝的凱旋門。我想，他們必會在如此盛典結束後，前往東邊的東寺五重塔，細細品味班師回朝的喜悅。

此前，在A報社舉辦的共同討論會中，我與梅棹忠夫、多田道太郎、加藤秀俊三位熱烈議論羅城門的重建，當時正值「城」成為重建熱潮中的一個主題。集結舊時築城技術精萃而建造的各地城池，展現出調和當地風土的造型之美，出色地各異其趣。在政治、社會、文化等所有面向逐漸染上中央同質主義的現在，「城」或許正是可與之抗衡的地方主義偉大象徵。我們提議在重新建造的城池內設立歷史博物館，以便讓當地大眾更好地理解其所在城市的歷史，正如大阪城、和歌山城、熊本城等地所做的一樣。最後，為了京都這樣的都城，我們提出意料之外的方案，即務必重建羅城門。日本建築之中，沒有比「羅生門」更舉世聞名之物了。儘管最初是由於電影的宣傳效應，但這項提議是將其重建為京阪國道或名神高速道路的京都入口，內部則是再現王朝的生活和風俗的博物館。一旦羅城門得以再現，平安京將在這個地區復甦，為新京都的千年繁榮帶來保證。明治時代的京都，已可見出於觀光目的之不同凡響的智慧，那是在平安神宮的社殿中設置平安京的宮城大極殿、應天門的縮小模型。我想，重現羅城門應該會再次掀起熱潮。

著名的東寺早市；此外市區內各寺院的緣日市集繁多，其舉辦時間常常撞期。

弘法先生

東寺雖為平安京的象徵，但絕稱不上貼近庶民生活，後來又是如何轉變為今日這般受大眾親近的呢？東寺與「太子殿下」有個相同的秘密，都被稱為「弘法先生」。每月二十一日的緣日[7]，東寺會設攤販市集，只要見識過一次就會知道。倘若是「初弘法」、「終弘法」，那就更明確了。東寺的緣日市集就像是平面版本的現代百貨商場，正如字面所述，不只聚集百貨雜物，還有百貨公司沒有的二手衣物、盆栽等，甚至在此還曾挖掘出國寶級的古文書。不分男女貴賤，許多人不買東西，只是到處詢價、閒逛，這反而讓我重新意識到，

參拜大師堂的道路與東寺正好相反，是從北門或東門進入，給人一種彷彿進入另一座寺廟的感覺。

日本的百貨商場其實是將緣日市集賦予立體化的型態。據說國外的百貨，很難漫無目的地詢價、閒逛。這麼說來，這份樂趣是緣日市集與百貨共有的日式特色。穿過東寺內，我從北門的攤商開始，走向盡頭處的大師堂。

大師堂位處西院區塊的中央，據傳是弘法大師的舊居僧舍，大師塑像安放於此。大師堂與西院的東門都建於南北朝時代，檜皮鋪設的屋頂展現輕快之美，與東寺雄偉的堂塔形成對比，散發著易於親近之感。中世以後，東寺的生命就在這座大師的御影堂[8]中延續下來，成為市民生活的一部分。如今的緣日市集，約是源於江戶時代，據說從室町時代起，可在寺院內見到以香客為目標的商人往來。東寺還以「東寺百合文書」著稱。這些置於前田綱紀公[9]捐贈之大量箱櫃中的龐大史料收藏，其中甚多是諸國中屬於東寺的莊園之史料，有助於知悉中世各地與京都的經濟關係。此外，這批史料也具體描述了寺內的日常生活，因而可謂無比貴重。史料顯示，應永十年（一四〇三），南大門的門前有一杯一錢的茶商人定居。這是記載茶店最古老型態的文獻。由此可知，東寺從當時起就已經是屬於大眾的寺院了。此後，一杯一錢的茶店擴及到市內，可見到以扁擔肩挑茶具、隨處走動的「立賣茶」，常常出現在當時的風俗畫屏風上。

第四章 京都的神社與祭祀：祇園與北野

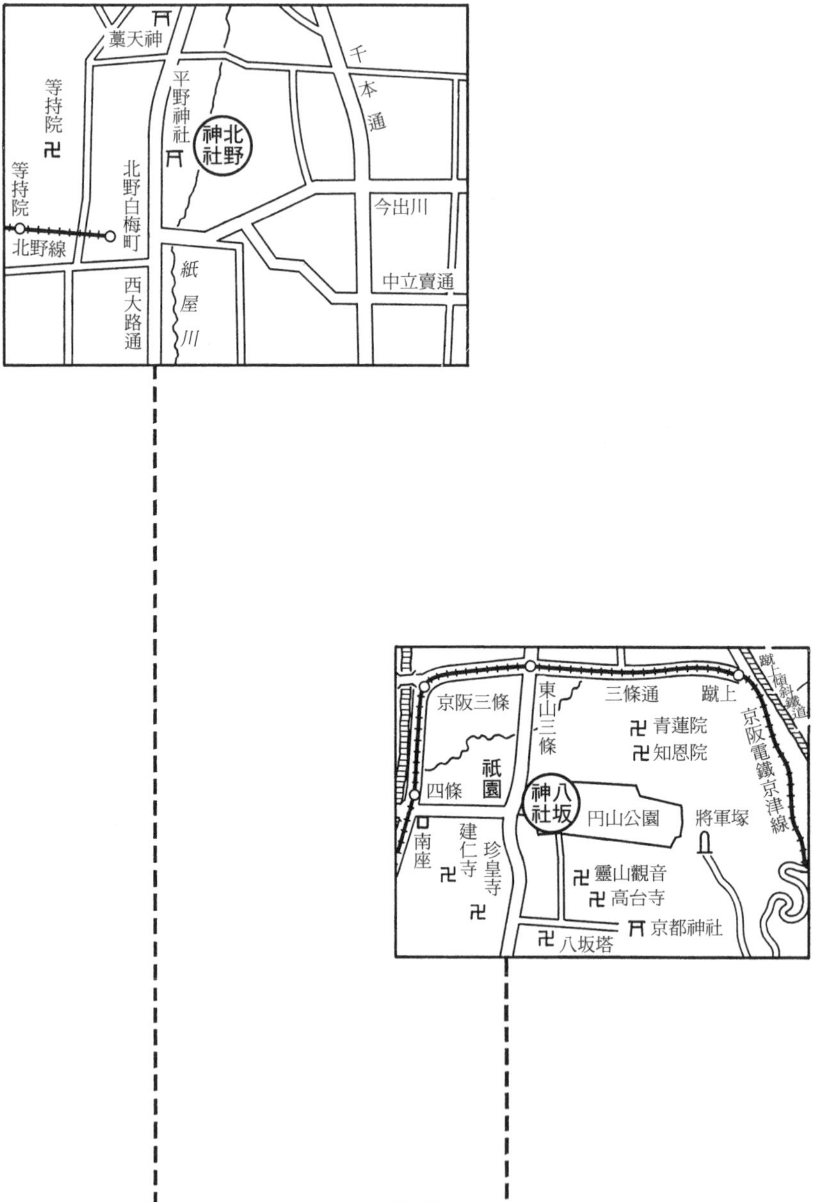

藁天神
等持院
等持院
平野神社
北野神社
千本通
北野白梅町
北野線
今出川
中立賣通
西大路通
紙屋川
京阪三條
東山三條
三條通
蹴上
蹴上傾斜鐵道
青蓮院
知恩院
京阪電鐵京津線
祇園
四條
八坂神社
円山公園
將軍塚
南座
建仁寺
珍皇寺
靈山觀音
高台寺
京都神社
八坂塔
京都站

前頁：八坂神社西樓門

「看似溫和的鴨川，一旦暴漲起來卻讓人生畏」，這句話來自於昭和九年（一九三四）的市民親身經歷。

繁榮與災害

奠都平安京後的半個世紀，右京的荒廢愈發顯著。天元五年（九八二）慶滋保胤所著的《池亭記》寫道：「東京四條以北，人無分貴賤群集，大戶門並列堂相連，小屋隔壁屋簷連綴」，甚至紀錄了：「西京人家漸稀疏，多近似幽墟，人去卻不來，屋舍倒壞卻沒新建」。即使平安京原本已定有條坊規格，但市內仍留有眾多田畝，特別是右京土地濕潤，小水塘散布各處，不適合居住。因此，人們便往左京北半部高處的乾燥地帶集中。從都市計畫的角度來看，雖然這確實是一項失敗，但也應該說是呈現了現實的發展。那是當時京都的自然模樣，可謂居民對其強烈政治色彩做出的無聲反抗。

最終，左京就這麼越過了東京極、跨過鴨川，在東山一帶可見到貴族別業（別墅）、社寺等建築。同樣地，右京也在偏離北郊的花園、嵯峨地區出現了繁榮的景象。市區範圍開始往東、北方偏移，作為人工建造都城的平安京，終於有如真正的生物般開始活動了。現今京都為人熟悉的祇園、北野兩座神社，均位於平安京東、北的城外處，的確是很切合都城活動的存在。在我們思索這些神社的特點之前，先容我說明人口向京都集中與隨之而來的各種現象。

平安京最早的市民，是直接納入定居於葛野、愛宕、紀伊三郡範圍的各鄉居民。如前所述，這些地方的人民多數源自秦氏，因此當他們擔任新京官衙內的下級官僚時，想必大力發揮了其經濟才能。當時平安京周邊的房地買賣契約上，頻繁出現男子秦永岑之名，其歷任大藏史生、東宮史生、中宮少屬等，後於天安元年（八五七）被賜姓太秦公宿禰，最後脫離山城國籍而佔據右京。秦永岑作為平安京政府的財政官吏活躍於世，是當時出身秦氏者的典型。然而，不能永遠讓新京被當作秦氏的囊中物。村山修一研究《日本後紀》，並就下述正史出現處展開陳述。他認為延曆十五年（七九六）至仁和三年（八八七）的九十年間，正式編入京戶的地方豪族約有四百四十三人。大都來自大和國，應是陸續從舊京遷來定居，雖然其他移居者大都來自五畿內（大和、山城、河內、和泉、攝津等五國），但來源範圍甚至北到陸奧、南到肥後等地。昌泰四年（九〇一）的官符中顯示，過半的播磨國百姓在取得六衛府舍人的身分後離開國郡，僅稱作宿衛，卻不遵從課役。當時的新政策是由中央衛府錄用地方豪族，試圖從軍制上強化中央與地方政治末端組織的關係，然而演變至此，早已不再限於豪族階層，而擴及為班田農民的動向了。原因在於，京戶的賦課較其他地方輕微，因而更加吸引人。此外，各地民眾出於各種機會或理由聚集到京都，這對於諸國來說想必是個重大問題，但是對京都而言，則是推動了人口的增加與市區的繁榮。

如此人口集中的傾向，勢必產生對建材的大量需求。據說，建造東寺的材料調度自南郊稻荷山的建材（此應為東寺與稻荷社聯手的原因），但卻非人人都能從近郊取得建材。因此，轉向距離京都頗近的丹波山林調度，可說自平安京創設之初即是如此。從京都越過老之坂山口，在前往龜岡市篠町（原篠村）途中的大字森內，還留有與造都時擔任木工頭的坂上田村麻呂有淵源的寺院遺址。該寺被稱為國恩寺，以坂上田村麻呂信仰的千手觀音為主神，據傳在中世時相當鼎盛，今日已消逝地無影無蹤，似乎只有些許遺物保存在附近的寺院。丹波與京都藉由大堰川輸送木材而連結，這座遺址的存在證實了二者的關係。

京都西郊的梅津是大堰川的木材儲木廠，還設有官職「木屋預」。大同元年（八〇六）的官符內，記載了這段文章：「山城國葛野郡大井河，河水暴流時，則堰提淪沒，採材遠處，還失灌溉」，從中得以窺見藉由大堰川輸送木材的行跡，同時也說明了一旦大雨來襲，遠處的木材伐採將引起河水暴漲，致使田地受害。意即平安京的繁榮導致水源區的森林採伐，後來還造成河川氾濫。流貫京都的賀茂川也有同樣的問題，再加上與高野川合流的河道改道，更增加了河水暴漲的機率。

當平安京人口集中、市區日愈繁華的同時，更加劇了河川氾濫的程度。即使律令政府採取相關對策，例如建立防鴨河使等防災機關，也僅是進行些許疏濬工作等，無法達到足夠成效，後來這類水災更替市民帶來了傳染病。

御靈會

平安京的疫病，除了洪水帶來的惡疾外，還有稱為「咳逆」的流行性感冒與痘瘡等，這些全都不容於政治性的社會，被認為是死於非命者的怨魂詛咒所導致。其中那些奈良朝以來的政治落敗者怨靈，讓當時的人民感到畏懼及敬畏。藤原貴族中，特別是北家，遠比其他氏族、家族更興盛，後來甚至坐上攝政、關白等高位，因此累積了眾多不得志之人的宿怨。

早前在平城京，人們就已認為長屋王、藤原廣嗣及淡路廢帝的怨靈存在於此。差不多在這段時期，因藤原百川等擁立山部親王（桓武天皇），導致光仁天皇的皇后（井上內親王）與皇太子他戶親王一同被廢位，而遭流放的井上內親王與廢太子怨靈等傳說，在桓武天皇的時代大為流行。怨靈活動的結果又生出其他怨靈。平安京中，廢太子早良親王的怨靈是受長岡京遷都

在觀賞祭典後，在神社前品嘗烤餅，仿佛化身為古代王朝的庶民。

導致的藤原種繼暗殺事件牽連，死於放逐淡路途中，其後被追謚為崇道天皇。平城天皇即位時，因被懷疑謀反而遭降級的伊予親王，其母親是出身南家之藤原夫人吉子的怨靈，還有嵯峨上皇駕崩之際，與伴健岑等一同擁立皇太子恒貞親王圖謀反叛，最後死於流放伊豆途中的橘逸勢怨靈。接著則是被追究反叛之罪，放逐伊豆之文室宮田麿的怨靈等。此外還讓人想起古老平城京裡的藤原廣嗣怨靈，其後更加入延喜之世的菅原道真。

平安初期的京都被這些過去的政治陰影覆蓋著，為了一掃這些陰影，人們開始舉辦御靈會，而要掃除怨靈的暗影，非得在明亮的光線之下歌舞與瘋狂喧鬧不可。貞觀五年（八六三）五月，朝廷在神泉苑舉辦御靈會，左近衛中將藤原基經連同兼任右近衛權中將與內藏頭的藤原常行等奉敕命監視，可謂王公卿士親赴神泉苑聚集觀賞的盛大儀式。苑內設有崇道天皇以下的六座靈座，供奉花果且恭敬地進行祭禮，最後還講說了一部《金光明經》及《般若心經》，然後再由雅樂寮的樂人演奏音樂，天皇近侍的兒童與良家稚子表演大唐、高麗舞。此外更有雜技散樂等競演，使其才藝發揮盡致。當天神泉苑開放四門，供市民自由進出觀覽，展現如臨時祭典的景致。御靈會本是為了消除廣泛流傳之一般怨靈的詛咒，進而形成的民間習俗，等到朝廷開始重視時，就變成針對受政治事件牽連而遭定罪的特定人士御靈。後來，更加入了藤原廣嗣、菅原道真的怨靈，也稱八所御靈等。上御靈神社（上御靈前通烏丸東側）與下御靈神社（往寺町丸太町的南側）是供奉八所怨靈之處，這些神社的祭典沒有觀光的喧囂，而是舉辦於京都市內，是縈繞在地濃密情感的祭典。

如此一想，京都的祭典幾乎都與御靈會相關。如前所述，三大祭中的葵祭如同鑑賞王朝繪卷般的祭典，時代祭則是明治時代以後因觀光導向而創設，最後一個則是祇園祭。其他諸如北野祭、上下御靈祭，打從一開始就與御靈會有關，市區、近郊的祭典大抵因而形成。比如：今宮神社的今宮祭是於春光融融的四月十日，在風流傘下狂甩紅髮，伴隨著鉦與鼓、唱跳「花啊，請好好歇息」以驅除流行於花謝時節的疫病。此外，四月下旬在壬生寺舉行的壬生大念佛狂言，就如其被暱稱為「槓叮叮」一樣，是敲響鉦和太鼓的默劇，具備近似安樂祭的意涵。

祇園祭正如其名「祇園御靈會」，為御靈會的代表。如前所述，祇園社的前身，與八坂造氏族在此地的定居有著密切關係，當時顯然是以該氏族為中心的農耕神。然而，該神社與松尾、稻荷相似，也出現主神神格的轉變。這是因為八坂造勢力的衰退，再加上周邊日益都市化所導致的自然變化。據說，貞觀十一年（八六九）惡疾流行之際，參照日本六十六國打造六十六支矛，祭祀牛頭天王並送往神泉苑，此為祇園御靈會的由來。雖然這則起源說法被以神社來歷傳頌下來，但從日本六十六國如此國家的數目來看，無法直接將其視為史實。在神社來歷的起源說法中，相當有趣的一點是，神社起造於貞觀十八年（八七六）。換言之，祭典的出現早於神社。而從祇園御靈會的起源來看，儀式在神泉苑舉行，與祇園社沒有直接關聯，由此可見祭典是由市民開啟的。祇園社則因巧妙吸引這般信仰御靈的大眾而得以成立。

有關祇園社的開創，是祇園精舍守護神牛頭天王被從其初次垂跡[1]的播磨明石浦移到廣峯，再被恭迎到京都之際。自此說法開始分歧，在《二十二社註式》中，牛頭大王是被移往北白川東光寺，又在元慶年間被陽成天皇移到感神院。感神院是神佛習合時期的祇園社寺名。由於貞觀十八年的隔年改元為元慶，因此該紀錄與神社來歷中開始供奉神祇的年代極為相近。然而，應奉為正史的《日本紀略》則指出，延長四年（九二六）六月，修行僧供養「祇園天神堂」，這同時寫在《一代要紀》承平四年（九三四）條目中的始末。從史料批判的常識來看，應以可信度較高的正史為準，故採《日本紀略》的說法，將這則紀錄當作祇園社開始祭神的起源，但

祇園社之南面為正面，能遠眺八重塔；其兩側則有兩家茶屋，是弦歌之巷的先驅。

我對此卻有些躊躇不決，因此想依循文字，嘗試探究天神堂的供養。此外，應該一併考量的還包括：被迎往京都的牛頭天王，在供奉於現在的祇園社之前，曾供奉於四條坊門的元祇園梛神社。就此，祇園社祭祀的起點仍相當含混不清。雖說如此，祇園社的主神定為牛頭天王後，民間舉行的御靈會就被吸收為神社的祭典——祇園御靈會。祭祀始於貞觀十一年的神社來歷，恐怕是因此情勢而創造出來。《二十二社註式》中紀錄著，祇園御靈會始於天祿元年（九七〇），但表現出來的，則是民間御靈會變為官方祭典的時間點。

就這樣，御靈會在祇園社供奉牛頭天王之際，呈現從八所怨靈導向牛頭天王的傾向。於此層面上，相對於疫神[2]牛頭天王，最後的怨靈則是菅原道真。

天神先生

對京都人而言，北野的「天神先生」是令人懷念的所在。特別是在緣日的二十五日，神社因園藝市集而熱鬧非凡。在初天神和終天神這兩天來到此地時更是摩肩接踵，簡直讓人難以動彈。截至昭和三十六年（一九六一）七月底，更有別稱為「叮叮電車」的窄軌電車從京都車站經堀川通、中立賣通，行駛到天神，載運參拜的訪客而來。

自不待言，北野神社是為了鎮壓菅原道真的怨靈而設。道真被左遷到筑紫太宰府後，在該地鬱鬱而終，而在年代更早的元慶年間（八七七至八八四），卻已有昭宣公藤原基經為求年穀豐收，在北野祭祀雷公並得到感應。換言之，北野社的歷史早於道真，原是在農耕之際，祭祀雷神、祈雨而聞名。古代人是因雷鳴而領悟到天上神祇的存在，倘若伴隨雷鳴，即表示會降下甘霖，所以天神應該就是雷神，是替苦於旱災的農民實現其強烈祈願的神祇。另一方面，對古代人而言，只會覺得落雷是作祟降禍，雷神因此同時是創造這種恐怖現象的神祇。理所當然地，雷神的雙面神格會在農村社會與都市社會產生截然不同的看法。在平安京這個古代的都市完工後，其居民培養出新都市民的意識，但這是與農村的直接生產者隔絕開來的消費者意識，而與在都市度日的貴族意識相通。其中若再加上政治落敗者的怨靈課題後，視雷神為年穀之神的看法，也很快被替換成恐怖的怨靈。

祈雨與乞求豐收的農耕儀禮，在世界各地的農耕民族之間，廣泛地以宰殺牛馬獻祭，並以此舉辦饗宴。據說，在配合佛教禁忌之前，日本也存在相同並廣為流行的民間信仰作法。例如祇園社的主神牛頭天王之名，便隱約帶有犧牲牛隻之意。又如北野社，只要提及天神，就會聯想到牛。參道上設有石造、銅製的大型牛塑像，甚至在筑紫，都附帶著其作為菅公使役的傳說，這顯然是將古老信仰附會上新解釋。從中我們得以窺見，早於菅公的農耕儀禮中聖牛獻祭的蛛絲馬跡。這種現象不僅存於京都的北野社，在名為天神社的諸國各地神社都可找到類似情況。至於菅原道真的怨靈，北野社不久後將其視為儒教之神、作文之神而加以供奉；各地天神社的主神，也從被當作農耕神的祈雨對象，逐漸轉變為菅公了。在京都鄰近北野社的西大路通，有一座祭祀蘘天神的神社，從其名稱便可知其為農耕神。這是在京都內能夠讓人感受到鄉村的地方。

提及北野神社，就不能忘記其收藏的國寶《北野天神緣起繪卷》，該繪卷描繪的是捧持恩賜御衣的菅公，在秋草繁茂的謫居地吟詠的詩句：「去年今夜侍清涼，秋思詩篇獨斷腸」，是藝術價值頗高的著名繪卷。此外，還有多則被稱為「創建緣起」的天神社起源相關文獻。綜合這些可知，北野神社在早於天慶五年（九四二）之時就已設於下京中一位地位低下的女子多治比奇子家中。然而，後來出現了宣稱得到比良宮童子的神諭之人，於是此人就與奇子在北野一同經營神社。然而，多治比奇子最終被排擠在外，而聯合菅原氏的僧侶則獨佔了北野社；在交替期間，因藤原氏增設社殿，致使神社性格轉化為文筆之神。其實在同類作品中，類似《北野天神緣起繪卷》能如此廣泛流行者甚少，而這件作品的流行程度堪比《融通念佛繪卷》等發行流通的印刷品，其中以撰寫年代為建久五年（一一九四）的《天神記》為最早的文本，而在《北野聖廟緣起》（建保本）、《北野天神緣起》（弘安本）之後，更有《松崎天神緣起》（應長本）、《荏柄天神緣起》（元應本）等。此外，《津田本天神緣起》（永仁本）等收藏於各地天神社的緣起繪卷，自南北朝到室町時代，發行超過十種以上，甚至延伸到奈良繪本及扇面畫之中。這說明了神社的起源應在各地人們的生活中發揮了某種效果。在我看來，這些繪卷證明了原先僅僅作為農耕神得菅公天神，在農村富裕發展後便轉變為文筆之神。

此後，北野成為全國人民熟悉的神社。豐太閣（豐臣秀吉）在北野神社內的松林舉辦大型茶會，其原因不單單是相當靠近聚樂第，更在於這裡是易於收攬人心的所在。在此淵源下，現今的社殿由豐臣秀賴所建，罕見的八棟造[3]屋頂為其特徵並廣為人知。

即使北野社與祇園社分據京之東西，但舊時均位處平安京外的郊區，而且都是源於農耕神性質的神社，而一個發展為稱作牛頭天王的疫神，另一個則發展為人格神菅原道真。在發展過程中，也孕育出御靈會如此別具特色的祭典，其成立皆與近郊都市化的發展相互呼應。正如人稱西京七保的神職人員社區直屬於北野，而在祇園，神社對周邊區域保有檢斷權[4]，存在著以北野社為本所的酒麴座[5]，及以祇園社為本所的棉座以下諸座。在中世京都的商業發展方面，這些「座」都發揮極大的作用，因此有不少町眾[6]加入座，並成為座眾[7]。換言之，這兩座神社是一對兼具親近性與對照性的存在。

第五章　王朝的歷史漫談：嵯峨野、宇治、大原

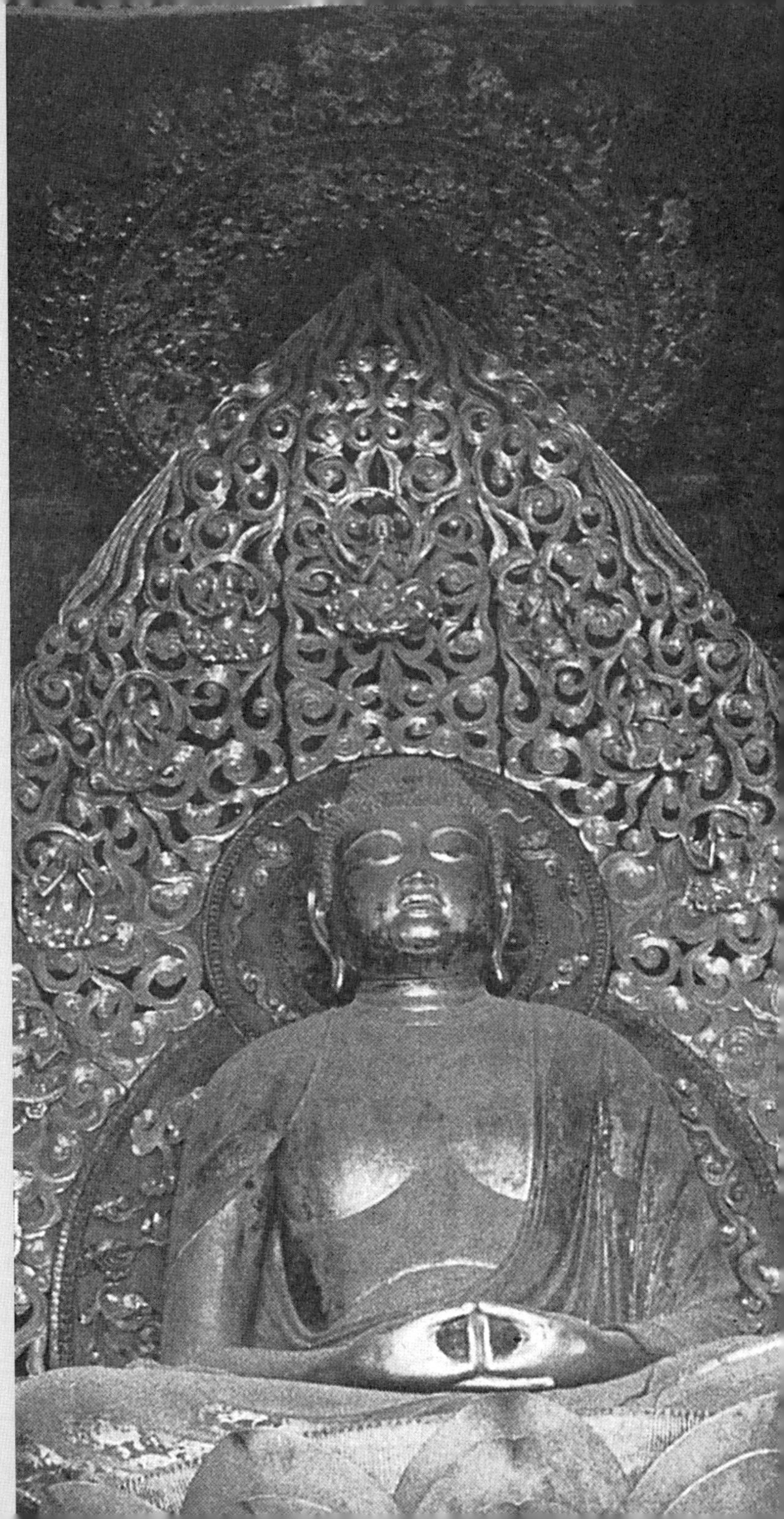

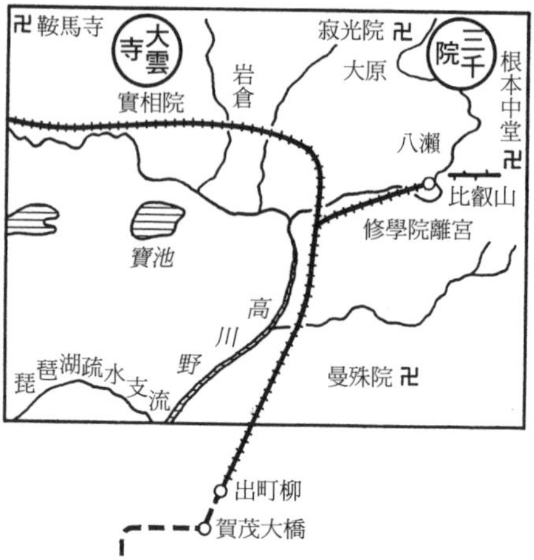

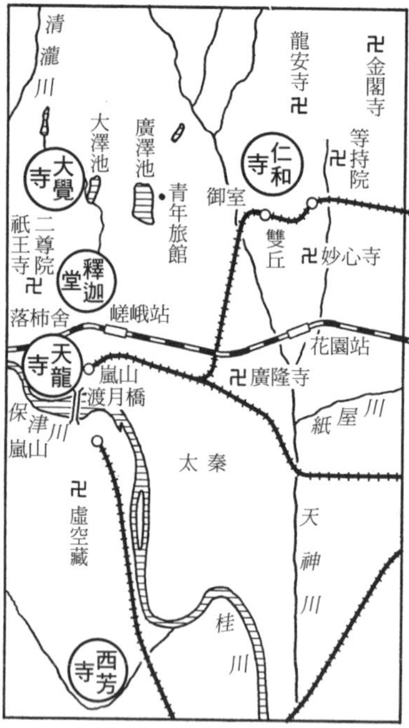

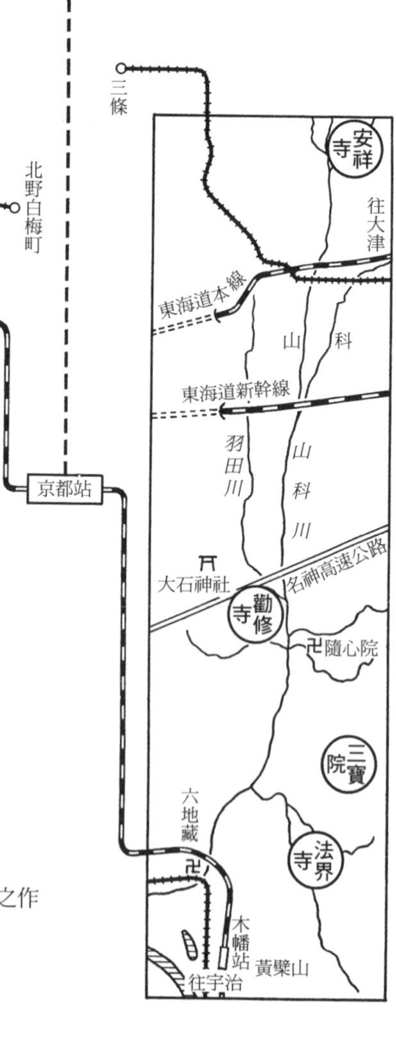

前頁：鳳凰堂之內，藏有王朝藝術的巔峰之作

「御室」一詞即有雅致之感；這便是野野村仁清和尾形乾山皆曾出入的御室御所

從御室到嵯峨

王朝貴族的生活軌跡，除了從物語、繪卷等處可得知外，即使在歷史之都京都的市區也很難輕易發現。我們只得前往郊區，從當時建造的寺院、別業等極少數遺跡中追尋。不過，雖說是郊區，但以現今的電車、巴士只需半小時就能抵達，可謂近在眼前的距離。若在久遠以前的王朝時代，想必要耗費一日的路程。

從北野社往西走，在北野白梅町搭上嵐山電車，途經因身為足利氏的菩提寺[1]而聞名的等持院、以石庭出名的龍安寺、說到花園就讓人想起的禪苑的妙心寺等，便會抵達洛西觀光行程重點的御室仁和寺。前述寺院均創建於中世以後，這麼一想，就會感到往東發展的京都到御室之間的路途著實遙遠漫長。路途上的地標雙丘，其形狀相當有趣。雙丘南側是自古以來就被稱作常盤之森，鬱鬱蒼蒼的連綿森林，近期則逐漸開發為住宅區；其北側是仁和寺，這是宇多天皇為先考光孝天皇的冥福祈禱所建，同時是宇多天皇落髮後的御所[2]，其後因歷代法親王[3]入寺而被稱作「御室」。穿過宏偉的山門後，映入眼簾的是寺內寬廣的腹地，正前方的右側為國寶五重塔。左側是知名的御室櫻林，是以遲開櫻花惋惜殘春之所在。現在的金堂——御影堂為寬永十四年（一六三七），桃山時代的皇居紫宸殿、清涼殿遷移至此，其他建築則因東福門院（德川秀忠之女和子）的關係，由德川家光建造、贈與。雖不見王朝遺跡，卻繼承了王朝傳統，鋪設了檜皮、斜度平緩的屋頂，還有設於周緣，連格柵都很豔麗的支摘窗、板門等宮廷建築，令人深感與被稱作「御室御所」的這座寺院，性格極其相襯。

在御室的周邊，曾經接連建造了圓融、圓教、圓乘、圓宗等四座寺院，這是圓融、一條、後朱雀、後三條等諸天皇發願所致，現今已經不存蹤跡。自古以來，雙丘上即設有清原夏野的山莊，後來在天安二年（八五八）成為寺院，稱為雙丘寺。後續在大治五年（一一三〇）作為待賢門院的御願寺而成為法金剛院，當時的主神佛像仍保存至今，其姿態悄然維持原狀。本堂背後，可見山莊時期殘餘的池塘。由此地前往鳴瀑布的路上景致，在在是王朝人的夢跡。

來到廣澤池，就更接近愛宕山的峭秀峻嶺了，而能強烈感受到嵯峨野的氣息。倒映池中的山影來自遍照寺山，這一帶正是御室主人宇多天皇之孫寬朝僧正興建遍照寺的所在。據說，這座水池是模仿洞庭湖及西湖打造。細看確實可見王朝林泉的風格。再往西北前進，便會抵達嵯峨天皇的離宮——嵯峨院的所在地，這是以「嵯峨御所」之名廣為人知的大覺寺。貞觀十八年（八七六），自恒寂法親王開基改為寺院後，即成為等同於御室，與皇室淵源極深的門跡寺院[4]。鎌倉時代末期，此地成為被稱作大覺寺統[5]的歷代天皇御所，曾召開南北兩朝的講和會議。大覺寺旁則是與廣澤池齊名的大澤池，這延續了原本嵯峨院的庭園水池，仍保有古老的景致。

大覺寺的殿舍是由延寶年間的後水尾法皇賞賜，因而飄散著桃山到寬永時代的宮廷氛圍。特別是各房的襖繪（拉門畫），塗金濃彩的牡丹、紅梅、柳松、松鶴等。據傳作畫者為元信、山樂等人，因而讓人強烈感受到此舍殿為桃山文化的淵藪。身處京都，屢屢能在王朝遺跡處見到桃山、寬永文化的遺產，而且彼此高度融合。這種現象，除了來自後水尾天皇等支持者的樂善好施，而其相互調和的事實，也應從其他角度來加以思考。我暗自想著，京都的桃山、寬永文化的根底，想必隱藏著對古典的濃烈憧憬。特別在寬永時代，當時是具備經濟實力的上層富裕商工階級，在與任職朝廷者交遊之間，綻放出獨特文化之花的時代。從當時的許多障壁畫[6]中，可觀察到大和繪[7]的復興，也可從當時流行的謠曲中，發現對古典的關心。我想便是這樣的社會氛圍讓當時的文化遺產，變為契合王朝遺跡之物。倘若寬永這樣的時代，未能創造出這

嵯峨院中人氣不旺的釋迦堂，古時曾是三國世界觀的大本山。

類文化遺產，我們的王朝歷史漫談想必會變得相當無趣。

往昔在嵯峨院以西，還有左大臣源融的山莊——棲霞觀。源融是京都六條河原附近，擁有仿奧州鹽釜風景的池亭之人，因此被人們稱為河原左大臣。這座名號棲霞觀的山莊，將嵯峨景致盡收其中。隨後山莊改為寺院，稱作棲霞寺，以阿彌陀與兩脇侍的三尊大型雕刻為主神。後來在平安時代中期入唐的奝然上人[8]，將從天竺、大唐傳到日本等三國傳來的釋迦像恭請到棲霞寺。在其高徒僧人盛算的年代，則為該尊像打造了釋迦堂，稱為清涼寺。之後，這座三國傳來的釋迦像頗受眾人矚目，並隨即打造出許多複製品等，清涼寺也愈發出名，掩蓋了棲霞寺之名。由此可知，今日嵯峨清涼寺的本堂是釋迦堂，但其實阿彌陀堂才應該是棲霞寺的本堂。彷彿直接展現了這段王朝的歷史般，該寺盤踞了這個地方。以謠曲〈百萬〉著稱的往昔嵯峨大念佛，其風流遺跡則可自清涼寺收藏的眾多面具中窺見。

從釋迦堂門前，沿著兩側仍保有鄉村氣息的柏油路往南前進，行經曾為龜山殿的天龍寺，便可抵達渡月橋。不過，途中有條向西的道路可通往野宮。野宮是伊勢神宮的齋宮，內親王在此齋戒一年，在《源氏物語》榊之卷中，描寫黑木鳥居被細柴矮籬圍繞著，往昔風情仍留存至今。靜謐的雜木林裡，或許曾建有從前光源氏造訪過的齋宮殿舍。更往西行，則是奥嵯峨巡拜的眾寺院，以向井去來的俳句「柿主啊，梢近嵐山」[9]聞名的落柿舍、適宜作為法然上人庵住之地的二尊院、將《平家物語》的悲哀表露無遺的祇王寺等分散矗立著。之後再返回渡月橋，站在龜山綠蔭倒映的大堰川畔，讓人不禁想起《梁塵秘抄》中今樣[10]歌謠的一節。確實，嵯峨野曾是王朝趣味宴遊之地。

嵯峨野興宴，是鵜舟、筏師、流水紅葉，
山蔭響起的箏琴，無異於淨土之遊。

醍醐寺三寶院，由於與豐臣秀吉有著極深淵源，是桃山文化的代表性造園遺產。

從醍醐到宇治

王朝人生活的痕跡，往京之西北與東南延伸並形成對照。主要因為東北的比叡山與流經西南的大堰川，阻擋了其各自發展的方向。換言之，東南有醍醐相對於西北的御室，再更遠些，則是相對於嵯峨的宇治。行到此處，面對劃破山間峽谷、流經盆地的保津、宇治川，都讓王朝人的遊樂更加豐富。

要前往醍醐，可搭乘從京阪電車三條站出發，經山科的巴士。京津國道越過東山後，山科盆地在日之岡一帶，向左右兩側廣闊開展，同時眼前新屋綿延。雖從屬於京都市內，卻混雜著近郊農村與衛星都市，如此略顯不諧和之地即是山科。山科中央是自中世即以山科本願寺聞名的本願寺別院，雖然有著巨大的鋪瓦屋頂，這座靜默佇立於北邊山區的安祥寺應甚少人知。安祥寺是嘉祥元年（八四八）藤原順子發願，彗運僧都開基建成，據傳全盛時期，坐擁大門、大塔、金堂等七百餘座堂舍。順子是奠定藤原氏北家的興隆基礎，長期被奉為先祖的冬嗣之女，身為仁明天皇的皇后及文德天皇的生母，她是奠定藤原氏以外戚身分佔據政治核心地位的女性。這樣的順子創立的寺院有如此發展，意味著其與往後藤氏的昌隆同步。然而，今日卻已無法從安祥寺緬懷王朝風貌。在江戶時代末期重建的本堂、地藏堂、祖師堂等，只留下了荒廢的模樣。造成如此重大轉變的是應仁、文明時期的大亂。雖然許多王朝的遺跡因桃山、寬永文化的遺產得以重生，但安祥寺卻失去這樣的機會。安祥寺原先位於更往東北方的深處，也就是現在的毘舍門堂一帶。毘舍門堂本來是在洛北出雲路，供奉延曆時期最澄親自雕刻的尊像，其後幾經輾轉，在寬文五年（一六六五）遷移到此地。王朝的歷史，在這裡便無法窺見了。

雖說如此，卻並非淨是失望。從山科往南來到勸修寺，此地有著醍醐天皇母后胤子出生地、大領宮道彌益的住宅遺址，以及保留最完整之池泉舟遊式庭園景致的水塘。在醍醐天皇發願下於延喜四年（九〇四）建寺，並設置御願堂、千手堂、鐘樓、藏經閣等寺廟堂宇，後於文明二年（一四七〇）因戰火而焚毀。不過，這座寺院卻幸運地在元祿十年（一六九七），遷建明正天皇的舊殿，作為宸殿和書院。明正天皇是後水尾院的東福門院所生的皇女，其治世在後水尾院的院政下。因此，雖然採用新興的書院造[11]建築樣式，卻能藉由違棚[12]等典雅的設計、土佐派的襖繪等，感受歷經寬永時代的王朝氛圍。勸修寺位處貫穿山科盆地的山科川以西的山側，河東的小野則坐落著隨心院，前身是寬仁二年（一〇一八）仁海僧正建立的名剎曼荼羅寺，果不其然的燒毀於應仁之亂。其後重建於慶長四年（一五九九）的本堂，由建成於寬永、正保年間的總門、玄關、書院等組成。因而，此處也飄散著類似勸修寺的王朝氣息。

醍醐寺的歷史起自慶元年間，當時，理源大師聖寶在醍醐山上建造准提堂、如意輪堂，隨後如其寺名，在醍醐天皇祈願下，山上、山下的殿舍落成於承平元年（九三一）。目前京都最古老的歷史建築——五重塔，是天曆六年（九五二）進獻。而在昭和三十六年（一九六一）拆解整修時，提供了為數眾多的研究資料，不過此建築卻因之前的第二室戶颱風[13]而傾斜了三度左右。歷經千年風雪，屹立不搖的古塔，在拆解、整修後不足一年就偏斜，似乎在古老的技術中確實隱藏著什麼秘密。醍醐寺的其他殿舍都在應仁之亂的戰火中毀於一旦，並於慶長年間由豐臣氏著手重建。

其中的三寶院為桃山時代的書院典型。室內的松柳圖、秋草圖等襖繪與曲折的庭園水池、豪放的石組形成對照，縈繞著殿舍、庭園融於一體的風情。在連接兩者的泉殿裡，添加了許多寢殿造[14]的元素，過往曾以泉殿為後臺，在書院二之間演出能劇[15]。這樣的古典世界，激盪出我們的懷舊之情。不過，當我們接著來到日野法界寺時，就會自然而然地被引導進入淨土教的世

日野淨土一帶，《方丈記》的作者鴨長明曾在逃離京城後閒居於此。

界。

法界寺又被稱為「日野的藥師先生」，在京都名聲良好，並以送乳信仰[16]廣為人知。該地原是藤原氏其中一支的日野家山莊所在地，並於永承六年（一〇五一），由日野資業創立菩提寺。該寺起源眾說紛紜，據說日野的遠祖家宗在弘仁十三年（八二二）攜帶戒壇建立的宣旨登上叡山，獲贈傳教大師親自雕刻的七寸小藥師如來像，是為日野主神。然而，這個時間卻很難被視為該寺創始點，我們還是得回溯一則有關主神的傳說。確實，此處是資業出家時，在別業建立的道場，若要符合前述傳說，當時為安置內部裝有祖傳小型雕像的藥師像，想必要先完成藥師堂。然而，這座藥師堂早不復存在，現存的是重建於明治末期，遷建大和傳燈寺的本堂至此，主神則為資業打造的神像，並以密佛[17]形式供奉。一般而言，信仰是因「藥師」而傳播，現實卻是從創立當時，隨著淨土教信仰而愈發盛行，阿彌陀如來像與阿彌陀堂更被重視。據傳，阿彌陀如來像為定朝所作，是樣式與平等院鳳凰堂幾乎相同的丈六像，其身負圓形飛天光的光背，維持永恆的沉靜，端坐於蓮花座上。阿彌陀堂內以該尊佛像為中心，天花板的小壁上裝飾著壁畫，並供養天人、菩薩等，與樂器、蓮花等交錯飛舞。如此壁畫顯然在描寫淨土景象，相較於鳳凰堂更加樸素且易於親近。

從日野暫回山科街上，途經石田、穿過長長的竹林，然後抵達木幡。木幡是《萬葉集》中，被以「至山科木幡之里雖有馬，我卻徒步來，太過思念你」[18]歌詠的古代交通要衝，也是《古事記》中著名的應神天皇與木幡少女戀愛故事的傳說之地。不過，讓漫談王朝歷史的我們所心醉的，則是當地的歷代藤氏之墓。即使到了今日，在御藏山的斜坡到黃檗的連綿小丘裡，隨處可見已形成樹林的土墳，其中包含皇妃的陵墓，在不知誰是誰的墳墓情況下，以宇治陵之名被管理著。當時，為了這些墳墓的三昧供養，藤原道長建造堂塔淨妙寺，該地現已成為村民的墓地。要前往宇治，由此經黃檗宗的本山萬福寺，被茶田圍繞的道路綿長不絕。是因那首「在山門外的採茶歌中發現日本」[19]詩句而聞名於世的人文景觀。

宇治作為遊樂區的歷史相當古老，應是始於作為應神天皇離宮的宇治神社。據說，宇治神社是由皇子菟道稚郎子的生母，宮主氏後裔的長者家世代供奉。即使應神天皇為傳說人物，但大化二年（六四六）架設宇治橋一事，將該地作為交通要衝而發展甚早這點表露無遺。宇治橋西段、面向上流處，有間（約六尺）寬的突出結構物，稱作三之間。這座橋被視為神聖之橋，用以祭祀橋姬之神，近世又增添豐太閤在此汲取茶湯用水的傳說。作為《源氏物語》宇治十帖的舞臺，以浮舟、橋姬之名眾所周知。在傳說與文學中，將王朝模樣以優雅無比的姿態完整呈現出來的，則是平等院鳳凰堂。

前往平等院，可繞穿過一家家販售宇治茶的店鋪、朝正門而去。另外也可以從宇治橋東畔，繞過自古即以能狂言聞名的通圓茶屋一側，經過以斷碑著稱的橋寺放生院，及供奉應神天皇、宇治稚郎子和仁德天皇等三尊的宇治神社，順道經過曹洞初開道場的興聖寺，欣賞琴坂楓紅，並在其石門前搭乘渡船。雖然沒有濟渡到彼岸的瀟灑，但卻最具風情。河川西側有松林覆蓋的浮島，小島上矗立著分外高聳的十三重塔。這座石塔建於弘安九年（一二八六），西大寺的叡尊重建宇治橋之時。為了禁止殺生，叡尊還祈求不用魚梁捕捉冰魚，最終得以實現。在此之前，魚梁是宇治川的聞名景致。佐佐木、梶原爭奪首位的故事因《平家物語》為人所知，有關這則無人不知、無人不曉故事的碑牌，則立於浮島北洲。宇治橋最美麗的模樣是以十三重塔為背景，從河川中段眺望過去。接著渡船隨即就要停泊在平等院前的堤防了。

跨過堤防，即是我們期待已久的鳳凰堂，它姿態優雅地佇立在池之西側，伴隨向左右開展

「浼浼橫流其疾如箭，修修征人停騎成市，欲赴重深人馬亡命，從古至今莫知航葦。」（出自宇治橋碑文，作者不詳）

的翼廊及後側的尾廊。若幸運遇到正面的門扉敞開，則可從格扇上方的圓形小窗，瞻仰本尊阿彌陀如來的慈顏。往昔應該有許多人是隔著池水祈求彌陀接引，而非進入被比擬為極樂淨土的堂內。不需多言，平等院由藤原賴通所建，他繼承父親道長的別業土地，然後廢除別業、改設為寺，於永承七年（一〇五二）舉行本堂供養，隔年建造阿彌陀堂，也就是鳳凰堂。道長建造的御堂、法成寺已消逝無蹤，現為寺町通荒神口、鴨沂高中的校地，僅剩舊時瓦片出土的報告。硬要說有點什麼，僅位處於御堂東北角的東北院因與謠曲〈東北〉有關，而被遷往吉田山的真如堂附近，維持簡樸的模樣。每當想到這些時就深感作為攝關政治[20]興盛時的遺跡，這座鳳凰堂的存在相當貴重。

鳳凰堂的本尊阿彌陀如來是佛師[21]定朝的代表作。手結定印、坐於八角九重的壯麗蓮花座上，在那略為低首、目光向下的圓滿相貌中，散發對眾生的慈愛。佛像衣裳的雕痕相當柔和，優雅氛圍自然飄散。光背是飛天光，火焰中出現飛行的天人，與四周天花板小壁上的五十一尊雲中供養佛相呼應，整座堂內讓人感到宛如置身壯闊的交響曲。堂內，自頂部垂吊到佛像頭頂的天蓋，在格狀天花板中鑲嵌著細格，並塗漆、施以整面螺鈿，蔚為裝飾富麗的優異作品。堂內四周的門扉、板壁上，繪有九品阿彌陀來迎圖。除了東面中央兩扇門扉上的上品上生觀圖為寬文時新畫的之外，其餘皆展現出大和繪的極致，圖樣上方的色紙形上，有以上代樣[22]的卓絕筆鋒撰寫的《觀無量壽經》經文，皆為藤原時代的代表遺物。

參觀了日野法界寺的阿彌陀堂後，我們來到鳳凰堂，即使這兩座建築是同時代、相同思想下的產物，但後者不同凡響的華麗仍使人震驚。換言之，即使同為貴族，但「天下土地悉被一家所領」的攝關家與一般貴族的財力差距表露無疑。平等院雖以鳳凰堂著稱，其他如觀音堂，則是平安末期樣式的建築，本尊十一面觀音立像屬於上乘之作。平等院由最勝院、淨土院兩座寺院管理，最勝院以桃山時代的莊嚴玄關，給予飽覽藤原時代景致的眼睛新刺激，淨土院內有養林書院，據傳原是伏見城的遺構，壯觀的藤花透雕欄間[23]讓人一飽眼福。這群建築與鳳凰堂絕非格格不入。

當我們返回宇治川的堤防，沿河往上步行約十町，再往右手邊的山道前進四、五町，便能抵達一處靜謐的村莊——宇治白川，這裡恍若與世隔絕的中世鄉里。此處曾是與平等院齊名的賴通別業，是其女、皇太后寬子的住處，康和四年（一一〇二）建造了命名為金色院的寺院，據傳整座建築以金色鑲嵌。目前僅存總門與地藏院的小庵，仍保管著舊時的佛像。在諸多古佛中，其右手舉起、左手下垂，是為呈現接引模樣的阿彌陀如來立像，其手捧蓮臺，左腳跪坐的觀音坐像令人印象深刻，這應該就是金色院的主佛。原本鎮守當地的白山神社創建於久安二年（一一四六），拜殿上的上樑記牌，記載著建治三年（一二七七）的年代，展露住宅風情的沉穩外觀，融入周邊靜謐的大自然。我想此處相當適合作為王朝歷史漫談的終點。

洛北之道

比叡山聳立的京洛東北，與其說是貴族別業的所在地，還不如說是天台三千坊——延曆寺威勢的龍蟠虎踞之地。無論松崎或一乘寺還是修學院，皆無二致。行至八瀨村落時，早先因為山門，後來則為宮中國喪時提供輦輿轎夫的村子，至今人們還會以「八瀨童子」稱呼村民。這或許會讓人聯想起伽草子的酒顛童子，但八瀨村民卻自稱鬼的子孫且視為榮譽。其實，童子展現的是身分從屬，實質意義是侍奉僧徒、從事雜務之人。再往前進入大原，就更接近山腳了，

即使同樣欣求淨土，往生極樂院仍縈繞著失寵女子的沉思。

佛國氣息自然增長。不僅比叡山，鞍馬、貴船、花背等地，是信仰深厚的王朝人憧憬眺望之處。在王朝時代，這一帶存在著許多因嚮往彌勒人間淨土而建造的經塚。

在如此的洛北之內，還有著大原三千院，原本是貞觀年間由承雲在叡山南谷創建的叡山別院，於應德三年（一〇八六）遷至大原，其後雖歷經搬遷，但在應仁之亂後再度回到此地。高聳的石牆環繞莊重圍牆的外觀，結構宛如山寨。京都內，特別是天台的門跡寺院，無論妙法院、青蓮院或曼殊院、實相院等，同樣的結構都很常見，不知怎地，總給人一種僧兵要塞之感。但其實，只要提及三千院，院內現存之往生極樂堂本堂的魅力更勝一籌。其與三千院本堂以庭院相隔，低調佇立於杉木林中，並鋪設柿板、三間四間[24]的單層歇山頂，極具歲月風霜之美。進入堂內後，首先映入眼簾的是內壇罕見的船底形頂部，其下是主神，六丈的阿彌陀如來伴著兩脇侍的坐像，安置於鑲滿螺鈿圖樣的低矮須彌壇上。三尊呈接引形象，脇侍之右是手捧蓮臺的觀音，之左是合掌的勢至菩薩，彷彿捕捉到接引時分，從動到靜那一瞬間的作品。勢至像的內部藏有墨跡，被認為是久安四年（一一四八）所造。在這裡我總是想起宇治白川舊金色院的佛像。往生極樂院的如來是立像，而脇侍的觀音，在金色院是單腳豎立，在極樂院則是兩膝跪坐。推測二者的年代應相距不遠。祂們彷彿將那些一心祈禱救濟個人之王朝貴族的心思看在眼裡。我想，必然是因為末法的恐怖顯現於日常社會的焦躁不安中，因而更強烈地刺激他們熱中追尋淨土。極樂院之主，從前是惠心僧都之女安養尼，近期則是中納言藤原實衡的遺孀尼真如房。如此說來，堂內的確飄蕩著一股女性的溫柔，而不只是因為其中所剩無幾的柱、裝飾橫木上的色彩所致。

將大原打造成一處淨土之事，只要來到較三千院略往上三町處的來迎院，便能打從心底感同身受。這一帶被稱為魚山，是「大原聲明」[25]的發源地，就連溪谷也被人們稱為呂川或律川。該院由慈覺大師創建，而且在本堂的後方，還有著以融通念佛[26]著稱的良忍（聖應大師）在嘉保元年（一〇九四）重建的聖應大師廟，勝林院的阿彌陀堂也在附近。我想，從位於山門下、融合極樂與來迎的淨土教世界這點來看，可謂彰顯了天台教誨的寬大。至於三千院向西十町是寂光院這點則無須再提，此地因大原御幸[27]的故事而廣為人知。此處同樣有著讓人憶起寂光土[28]的庵室。

現今我們在宇治、大原感受到的淨土教印象，其實正是包覆京都之宗教氛圍的焦點之一。京都不僅有許多這樣的寺院，而且還以禪林寺收藏的《山越阿彌陀圖》、知恩院收藏的《阿彌陀二十五菩薩來迎圖》等作品而廣為人知。不僅如此，就連當時被稱作「迎講」，模仿阿彌陀如來接引而舉行的練供養，至今仍在東山泉湧寺山內的即成院，於每年秋天十月舉行迎攝會。淨土教與隨後出現的禪宗成為兩個焦點，落在形塑當今京都宗教氛圍的橢圓兩邊。

在返回大原的路上，雖然有點繞路，我仍想一訪岩倉。在叡山電車的寶池轉乘鞍馬線。這一帶的鄉里仍留存小野之名，自古即是著名的賞雪勝地。現在該地北側仍積雪深厚。電車經過三宅八幡前，再來則是岩倉。京都人不甚喜愛前往岩倉，這就像東京人說要去松澤一樣，因為岩倉設有精神病院。或許如此，岩倉不太出名。岩倉的精神病院並非一座大型醫院，而是有著三、四間坐落於此，可謂精神病院的聚落。

晚秋某日，我率領學生造訪岩倉的實相院。其為園城寺下的門跡寺院，起源於享保五年（一七二〇）被賜予東山天皇的中宮承秋門院舊殿，雖是擁有大量近世京狩野派的障壁畫[29]之處，但今天管理實相院的大雲寺，才是我們歷史漫談的目的地。自古以來，這座寺院即以岩倉觀音受到人們所信奉，為天祿二年（九七一）沙門真覺創建，永觀三年（九八五）冷泉天皇皇

右方隱約可見的屋頂為大雲寺。這不僅僅是歷史與現代交錯的景象，更深刻呈現了宗教與科學的對比。

后昌子內親王建造觀音院，安置金色的六觀音，此寺自余慶權僧正進駐後，寺運大為昌隆。然而，皇后對觀音的祈禱，其實是盼從腦病中康復。此後到了中世時，大雲寺的眾多宿坊就成了重要的療養所而興盛，提供給那些自遠或近處前來，為同樣病痛所苦的信徒。特別是貴族社會中，為求飛黃騰達的競爭相當激烈，因此絕望而失魂落魄的人相當多；或者因為近親結婚帶來的悲慘結果，而導致同樣的下場。這些人的信仰因此聚集到岩倉觀音處。即使到了近世以後，《好色一代女》[30]的主角在輾轉各處後削髮為尼、回到京都。她抱持對後世的祈求，參拜被譽為「都之淨土」的岩倉大雲寺，在看見寺裡的五百羅漢時，憶起已是故人的往昔恩客，忽地陷入忘我之境。導覽人員向我們說明，自古以來大雲寺的特殊信仰，可以從這部西鶴的小說看出蛛絲馬跡。西鶴的巧思，是將書中主角最後的舞臺設於岩倉，如此一來，我們就能理解他這番巧思的趣味了。無論如何，今日的醫院住院大樓是沿著前往大雲寺的道路排列成群。換言之，只消一眼就能明白，住院大樓是由過去的宿坊轉變而來。六處宿坊中，有多達四處成了醫院。

目前的大雲寺，仍會舉行人稱「御燻會」的法會，過程中，會讓煙霧瀰漫緊閉的本堂，焚燒、冒煙到讓人無法呼吸的地步。聽說這叫作煙浴。接著，被喚作法師的二十家人，則在讓櫃盈滿煙氣後趕往御所，連御所的邪氣都要一併驅除。或許是為了驅趕附著於信徒靈魂的魑魅魍魎之類，這想必是某種焚燒薪柴出煙的咒術。然而，在舉行法會的堂前，卻聳立著坐擁近代設備的鋼筋混凝土醫院，誠然形成奇異的對比。特別是從外部可清楚看到醫院窗扇內側鑲嵌牢固的鐵柵，這點實在讓人心痛。與王朝時代迥異，人類脆弱的心志在現代因科學發達而被擊倒，眾多精神異常者被送往該地。「御燻會」與鐵柵，必然是水火不容的古今對照。古代與近代巧妙連結，雖是京都別具的韻味，但在岩倉則是完全對立，而呈現異樣的隔絕。雖為京都式的對照，卻未能形成京都式的融合。即使如此，被從鐵柵中釋放的人有多少呢？電擊之際，又有多少人找回靈魂？近代醫學真是讓我怔忡不安。在歷史漫談的最後，我如此窺探了自王朝時代以來，直到現代依然歷久不變的陰暗所在。對於沒有鐵柵的王朝宿坊，能以非電擊的宗教救贖等方式撫慰人心，我還是感到些許的魅力。

第六章　京都內的遷都：南北的白河

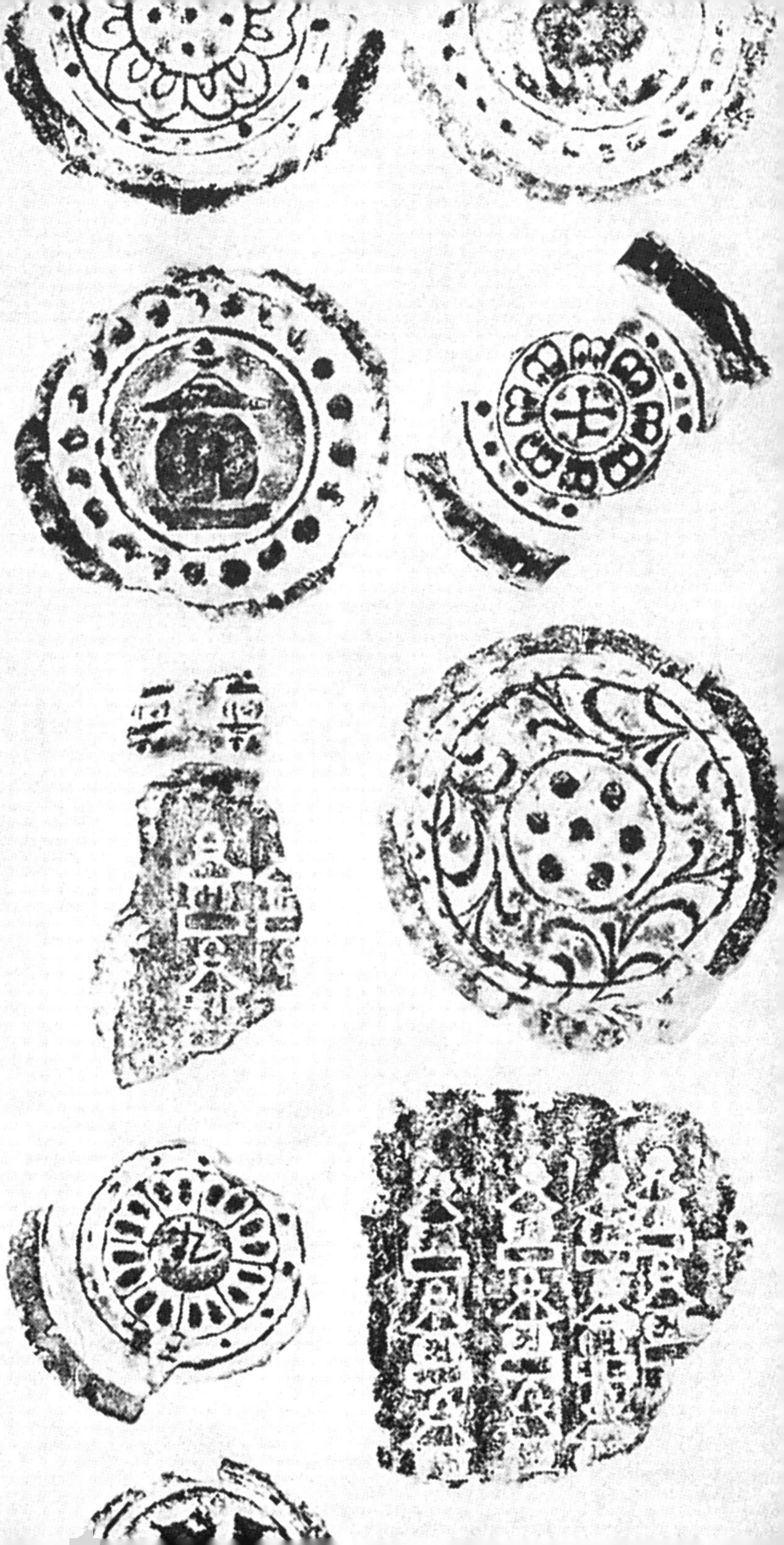

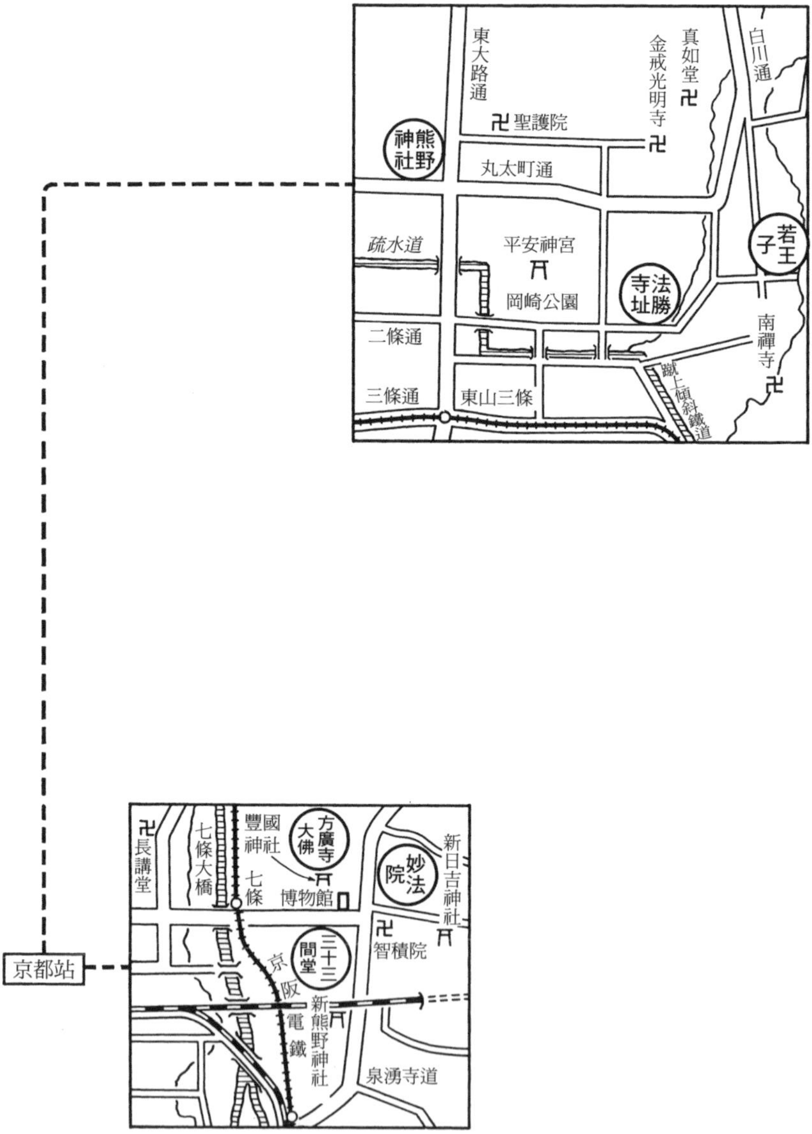

前頁：印有諸堂標記的法勝寺屋瓦

「白川送流水，不及夜雨寒，枕濕秋已至。」（吉井勇）

京與白河

白川女自白川鄉里而來，大原女從八瀨街道前來，人稱畑姥的梅畑之女從周山街道來到京都市區。自古向宮廷進貢香魚，今已不復存在的桂女，以及自上賀茂前來兜售酸莖漬等來自近郊、沿街叫賣的女性為數眾多。她們身著藏青棉布的腳絆（綁腳）、手甲（護手套），繫上三巾前掛（圍裙）等風俗，特徵略異，總讓造訪京都的人們有所期待。這些行商的女性從何時開始在京都市區出沒呢？

在往昔的王朝時代，從白川鄉里攜花前來的白川女，經三善清行推薦而向御所獻花。據傳，運送薪柴等物到京都的大原女，承襲了曾任建禮門院近侍的阿波內侍（保元之亂的有功者，入道信西之女）其撿柴之姿。無論古今，深受她哀憫故事吸引的人為數眾多。頭頂戴袋，再放上梯子、腳凳等前來兜售的畑姥起源，據傳是承久之變時，許多公家貴族隱身於梅畑之處，村人則將白米裝在戴袋中偷運。這個起源傳說實在讓人無法輕易信服，但古代末期到中世初期的事，基本上又無法全盤否定。在這段變革時期，近郊村莊的女性或許因此下定決心，鼓起勇氣外出經商。理所當然，她們最初應是向御所、公家屋敷獻上產物作為「公事」（年貢），但在中世以後，京的市區也出現劇變。

京都從古代末期開始從疏離的政治之都「平安京」，逐漸轉型成單純以「京」之名、易於親近的商業城市。介於東之京的室町與西洞院之間的南北路，被賦予「町」的名字，先由兩側的商店創造出熱鬧的氛圍。「町」（MACHI）原是指「間道」，即圍繞著田間道路的田區。而不論是京師的「坊」，或是將坊分成四等份的「保」，以及再分四等份、邊長一平方町的「町」，這些都是「MACHI」。因此在京師制度裡，町是由四周道路包圍、劃分的區塊，但此處卻直接沿用「間道」的語義，變為對夾道兩側的稱呼。特別是，該町道路與東西大路交叉處的四條町、七條町等逐漸發展成為商業中心。早在《大德寺文書》中，久安六年（一一五〇）的地契上，即出現四條町的「切革坐棚」。當我們思索從「都」到「町」的質變過程時，一如背負御用商人之名者，不單單是供應宮廷飲食，更因此在獲得魚貝專賣的特權後轉變為行商。我想同

京都町中的白川女

法勝寺遺址的南半部分，現在已成為市立動物園。

樣地，自近郊農村而來的公事也因而轉變為商業用途。她們最活躍的時期想必是中世末期到近世，因此傳說中的起始年代，並非全是荒謬的無稽之談。這些女性中，又以鄰近京都的白川女最為人熟悉。在京裡，要看見頭頂長梯及四腳凳的畑姥極其稀罕，賣花的白川女則是每逢初一、十五的紋日，都會在早晨來到市區。

白川發源自江州國境的山中村深處，流入京都盆地，現今則是沿著鴨東山邊的寧靜川流。依此脈絡，地名白川意指流域全體。其中又區分出在三條以北，分流流入賀茂川的北白川，以及更往南的河段稱作南白川。然而作為地名，更靠近水源的白川村被賦予北白川之名，而將白川寫作白河，則是指今天京都的岡崎一帶。白河土地原是藤原賴通繼承的別業之地，曾有「天狗也難以逾越」的流言，但貴族們從綠意盎然的森林發現清澈白川流水，並接連於此搭建府邸、社寺也就合情合理了。甚至還出現為了逃離京市區擁擠而移居白河之人。

新白河地位的奠定，源於將白河院的院政政權院廳設於白河殿。在那之後，周邊興建了以法勝寺為首的六勝寺等為數眾多的寺院。恐怕是因為在商業城市日趨發展之際，當時的人們曾企圖將政治之都移往白河。從京與白河並稱這點來看，也可察覺此事。

法勝寺

在白河地區大舉浮上檯面的院政時代，各個文化面向皆攸關現實發展，其中之一便是執行了重大的土木工程。例如白河天皇發願創建，以法勝寺為首的六勝寺，或作為院御所的鳥羽離宮。只不過如今這些建築消失殆盡，無法成為藝術史的研究對象，就連文化史上的意義也往往被輕視。

法勝寺是院政時代的代表，承曆元年（一〇七七）十二月十八日舉行興建供養，那是在院政之前的時期，因白河天皇發願而起。正如既有的宇多天皇御室仁和寺與建在其周邊，統稱四圓寺的寺廟群，其後到近衛天皇的五代天皇與待賢門院所建的六勝寺，是以法勝寺為起始，這

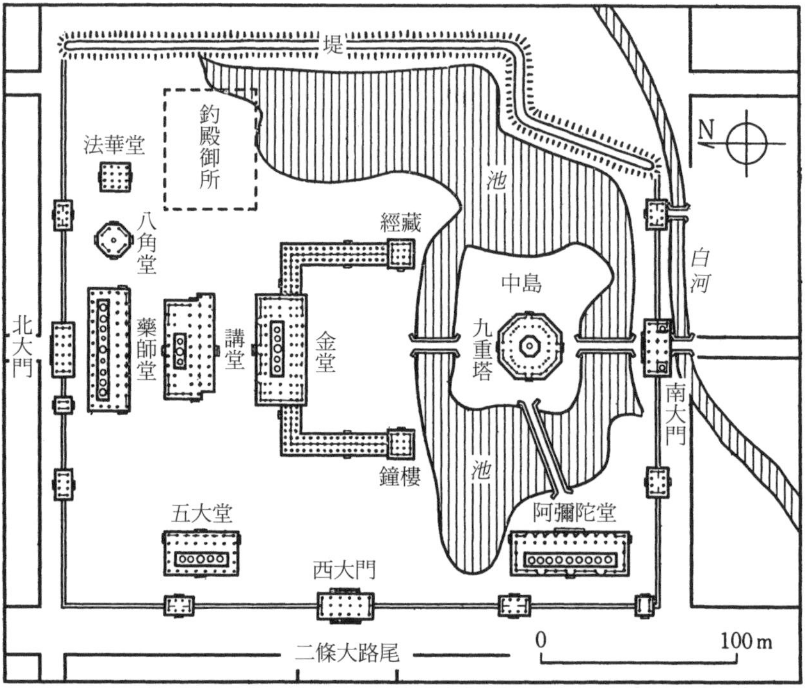

法勝寺復原圖：寺域包括動物園全部，並向北延伸。塔的基座已濕。金堂遺址則通往二條通，現今仍依稀可見。（據福山敏男博士原圖）

是一件值得關注的事蹟，但我想特別強調該寺得以落實的原因。

首先，這座寺院的規模是在二條大路向川東延伸的正面開設西大門，佔據與白河之間、四邊各長二町的空間，然後面向南方的建築。從《扶桑略記》可知，其金堂是七間四面[1]的瓦頂，安置一尊三丈二尺的金色毘盧遮那如來像與其他佛像，講堂也具有同等規模，安置二丈的釋迦如來像與其他佛像。阿彌陀堂則是十一間四面的瓦頂，據說曾安置六丈的金色阿彌陀如來像九尊與其他佛像。五大堂則是五間四面的瓦頂，法華堂是一間四面的瓦頂，再加上五間四面、二階瓦頂一字的南大門，內部設有二丈的金剛力士，是為了守護寺門而存在。此外，包含大門、迴廊、鐘樓、藏經閣、僧房等組成壯闊的景觀。我們驚訝於法勝寺當初的雄偉樣態。當時的構想是在完成塔後，南大門、塔、金堂、講堂會在南北向排成一直線，這其實是沿襲飛鳥時代四天王寺配置伽藍的精神，並稍微加以變化。這些細節處的變化是以水池環繞著塔的四周，金堂設有翼廊，連接鐘樓、藏經閣，但基本上確實是四天王寺式的配置，但又非全盤皆是。金堂主佛是毘盧遮那如來像，令人憶起天平的東大寺大佛。我左思右想，感到整體規模中縈繞著國家的強大意志，而與藤原貴族私人纖細的感覺大相逕庭。這點完全可以從《愚管抄》得到佐證，書中以「國王的氏寺（菩提寺）」來表現。寺內雖設有承襲傳統淨土信仰的阿彌陀堂，但基本上也表現了對前代宗教趨勢的反省元素，這點是毋庸置疑的。以法成寺為例，藤原道長將對寺院來說最重要的金堂延後建設，先建立阿彌陀堂，並在這座御堂度過晚年。然而白河院的法勝寺中心，卻是安置主神毘盧遮那如來像的金堂，阿彌陀堂僅是設置於寺院西南角的附屬建築。

更耐人尋味的是金堂的東北角。該處保存若干從前的藤原氏別業建築，供寺院使用。如「本是左相府累葉之釣臺，不改舊裝，只添新飾」所言，法會當天，將原本別業的釣殿，作為主上御座所（天皇居室）。先前我已指出，法勝寺富含國家意志，正因如此，令人感覺在這點上無法切割。究竟為何能在宏大的金堂、講堂屋脊背後，窺見部分的寢殿造呢？從中，我發現了相互矛盾的新、舊物件的共存所在。但即使如此，以折衷後姿態存在的古老物件中，仍留有院政時代的意義。

於前述過程中創建的法勝寺，在永保三年（一〇八三）十月舉行塔供養，依大江匡房起草的《供養咒願文》記載，該塔為八角九重，位於金堂南側、瑤池中心，中尊（位於中間的佛像）分坐八方，諸尊被安置於塔內四角。這裡我們應留意八角九重的形狀。自古雖偶有類似八角塔、九重塔之例，但八角九重的大塔仍是空前絕後的規劃。當時的紀錄中未見塔高，但其後在南北朝重建時的紀錄中，能推定其高為二十七丈（約高於八十二公尺），想必不會低於這個高度。自東邊越過逢坂山來到京都的人，最初令其瞠目的就是這座大塔的高度，隨後則是標新立異的設計。比起單為法勝寺擁有，大塔後來更成為白河院開啟院政政權的象徵。

我認為如此宏大、特異的設計，與先前提及的新舊物件並存之事，共同表現出當時院政政權的性格與特徵。概括而論，因攝關政策而急速興盛的莊園，諸國國衙稅收低迷，導致稱作「受領」之國司階層，便將所謂「王黨」，即被賜予源姓而降為臣籍者推到前端，試圖在與藤原氏血緣疏遠的後三條天皇統領下，積極推動莊園制度的整頓。但途中卻因攝關家不願合作，以及接下來天皇受疾病之苦等因素而進展不順。最終創造出的新興自由權力機關，是不囿於律令制、攝關制之名為院政的政權，而佔據其核心的正是白河院。只不過如此發起的莊園整頓，只淪為檯面上的名目，而在諸國之內，國衙與莊園的紛爭驟增。結果是，促使莊園領主重要勢力之一的社寺，尤其開啟了南都興福寺、北嶺延曆寺等對院政的抗議並浮上檯面，被稱作奈良法師、山法師等僧兵的「嗷訴」[2]。院政政權必須擁有對抗這些僧兵的武力。再加上此一時期，即使得以否定莊園的領有形式，但對於那些在地形成、勢力龐大的富豪階層來說，不管用什麼形式，如不與其對抗，就無法達成預期目的。這就是院政政權必須擁有武士團支持的原因。因此，院政政權得以成立的必要條件是基於王黨復活、受領階層參與、武士團支持等三項因素，其中除了重現律令制的國家意志要素，還潛藏了對中世型態武家社會的展望。

法勝寺蔚為院政文化的巔峰，在那宏大、特異的設計裡，必然有著能引發在地富豪嚮往院政權力的魅力。而同樣的魅力也存在於另一側的極端，在文學領域，是以《今昔物語》、《宇治拾遺物語》為代表的說話文學；而在繪畫領域，則是以《源氏物語繪卷》、《信貴山緣起繪卷》為代表的繪卷。這兩幅繪卷的差異，在於前者試圖描繪出物語、緣起等空間的各種關係，後者則企圖表現時間變遷。因此兩者是相互對立之作：前者靜態且色彩濃厚，後者動態且線條輕巧。但它們又非彼此衍生關係，而是共存於同一時代。這正是院政時代的特徵之一。

在這種狀況下，無須我另外強調，肩負院政時代的，理所當然是巨幅尺寸、允許自由描繪的《信貴山緣起繪卷》，而貫穿其中的是排拒京都的態度。第一卷刻畫山崎富商「下種德人」的生活，到了第二卷則與宮廷有關，名為命蓮聖的主角說：「不更往京去」，而是為「要讓此地多有莊園，別當聚集而來，對此頗有為難且多所得罪，煩請讓此地維持現狀」。其中蘊含強烈主張在地生活之文化傳承者的態度。到了第三卷，則是跟隨尼公腳步描繪在地生活，並呈現其具體的形象。此為院政文化的特性之一，表現出無法發掘自法勝寺造型的另一面，意即所謂「下種」的庶民生態與對在地的關心。繪卷中的「下種德人」，是描繪在莊園內農業生產力進步，名主[3]紛紛自立門戶的社會中，日趨富裕的名主樣貌。正因為山崎是進入京都的門戶港口，所以這位富商是兼保管年貢校倉的問丸（中介商）。再者，由於畫中的樹林、釜及正當石等等，他也被認為是從事製油產業的商人。而從事如此低賤的商業活動而日趨富裕的名主，其實是受領階層活動與武士團興起的基礎。況且在某種意義上，與《信貴山緣起繪卷》齊名的《伴大納言繪詞》表現的主題都是應天門之變，這是發生於貞觀八年（八六六）攝關政治建立過程中的事情，因此自卷首起，便繪有律令制政府的正門遭火焚而坍塌的情景。這個題材理當同於《信貴山緣起繪卷》，都取自《宇治拾遺物語》。若要將此故事以視覺表現，應不乏其他素材，但此處卻採用這種對律令政府甚為不祥的主題，真令人著迷啊！特別是其中所蘊含的，與庶民性、在地性等主張的緊密連結。同時，我們在飄蕩於作品中的這份庶民與在地自覺之間，應該可以發現，當中出現了對京都而言極其重要的轉機。兩幅繪卷完成之際，京都已經體驗了首度的巷戰，是為保元、平治之亂。接下來，還有治承、壽永之亂，直到承久之亂，王朝的京都歷經了不祥的半個世紀。

三十三間堂內的一千零一座佛像，是京都和奈良的佛師們同心協力的成果，湛慶的作品也包括在內。

三十三間堂

接續白河的是設於鳥羽白河院的離宮，在接下來的鳥羽院時期成為院政政廳。鴨川在九條後偏向西流，直到與桂川匯流後流入淀川。鳥羽即為開展於匯流處的京都港口，因土地低窪、濕潤，開發較為遲緩。然而，正如「鳥羽水閣」等名稱顯示其大量引入土地蘊含的水來造園，恰如《榮花物語》紫野篇中的句子所寫：「以十餘町打造，十町為池，景致遠眺如四海，漂浮御舟等實在絕妙」，當鳥羽離宮落成於此，令人大為驚嘆。宏大奇異的交綜錯雜可見於該處。然而公家邸館也因此遷移，甚至被批評為宛若遷都的騷動。在院政時代，古早的京都曾往東方及南方遷移，現今僅存的痕跡，是曾為東殿御堂的安樂壽院。安樂壽院建於保延三年（一一三七），先是建造了稱作本御塔的五重寶塔，今天已不復存在，繼而又為皇后美福門院建造了多寶塔。今日的本御塔遺跡現為鳥羽天皇陵，豐臣秀賴重建的新御塔則成為近衛天皇陵。安樂壽院所在的環境仍保有田地，靜謐祥和的氛圍不像位於市區。從白牆土壁另一側眺望多寶塔的景色相當美麗。與盡失一切，連遺址都變為動物園、美術館、勸業館及京都會館的白河六勝寺一帶兩相對照後，鳥羽令人欣喜地，猶有能喚起懷舊情懷的要素。城南宮一帶有鳥羽南殿、北殿的御所，雖然興建了證金剛院、成菩提院、金剛心院等為數眾多的御堂，但如今當然無從得知其樣貌了。僅剩被稱為秋山，外型完整的假山，據傳是舊時遺跡。

然而，在京都尋找院政文化的遺跡，倒非毫無線索。例如法勝寺的阿彌陀堂等，從位於京都府相樂郡加茂的淨琉璃寺本堂，及其九尊阿彌陀如來像來思量，幾乎無誤。其應是落成於嘉承七年（一一〇七）。而且，這類阿彌陀堂的實例，就像過去存在過的法成寺般不可勝數。

淨土雖眾多，彌陀淨土是之中最佳。
往生雖有九品，下品下生也無妨。

如《梁塵秘抄》唱誦的，堂內排列上品上生到下品下生的九尊彌陀，皆巧妙反映出祈求者的個人心情。在淨琉璃寺的九尊佛像中，中央為上品下生，其餘皆手結定印，無從辨識是哪一品。雖說並無大礙，但中央的彌陀非上品上生，而是上品下生，讓人感覺能直觸王朝人的心情。九尊阿彌陀堂是裝載這私人情感的產物。然而如我先前所述，法勝寺並不特別重視這點，因而未必能成為時代的代表。而基於同樣精神建立，型態與九尊阿彌陀堂發展相當的，則是千尊觀音堂的構想，但後者的旨趣稍有差異。由於其中未留餘地，不像九尊可供容納、展現個人情感的阿彌陀像，反倒因為數量龐大而饒富意義，與念佛百萬遍具備同樣的精神。長承元年（一一三二）三月十三日，白河千尊觀音堂因鳥羽上皇被供養，上皇將其命名為得長壽院，並在中央安置六丈觀音，左右是與真人等高的正觀音像各五百尊。以權僧正覺猷為導師，由備前守平忠盛建造，是為平氏走上騰達大道的開端。得長壽院在今日自然已經消失無蹤，但其構想卻因為京都市蓮華王院本堂——三十三間堂，這座工法完全相同的建築而廣為人知。其實，鳥羽上皇當時的構想由後白河上皇承襲下來。在建造蓮華王院之前，已於平治元年（一一五九）二月在白河建造千尊阿彌陀堂，該處原是保元之亂崇德院的屯營，是平清盛在官軍燒毀的御所之地上建造的寺院。長寬二年（一一六四）十二月，在後白河上皇的御所法住寺殿附近，清盛興建千尊觀音堂，並安置千手千眼觀音像一〇〇一尊與二十八部眾。這座堂正是蓮華王院。後於建長元年（一二四九）失火，但隨即著手重建，現存的堂宇雖於文永三年（一二六六）舉行供養式，但結構沿襲創立當時的舊有形式，單層歇山頂、本瓦葺[4]，桁行三十五間，梁間五間極為深長壯闊的平面，再加上內部殊異的配置，參拜者必會先被主佛丈六千手觀音與一千尊與人同高的千手觀音震懾住。這等壯觀奇異的設計，顯然是置於法勝寺八角九重塔構想的延長線上，是院政文化最典型的象徵。

雖然我們早已失去該時代的白河遺跡，但在南白河處的三十三間堂附近，有著沿用院御所舊名，名為法住寺陵的後白河院陵，此外也殘留些許可供緬懷過去模樣的證據。那是位處從東山七條朝向太閤道路南側的新日吉神社以及更南方的新熊野神社。它們被寫作今比叡、今熊野，是移往京都的比叡、熊野舊址。新熊野社中，被指定為天然紀念物（自然紀念物）的熊野樟老樹，彷彿訴說著往昔的故事。它們皆出現於後白河院應保年間（一一六一至一一六二）。此前有眾多從各地迎祀而來的神社，都使用「今」字，我想是因為京都的都市魅力與坐擁院政政權的國家權威結合所致。在這等權威與魅力之前，無論日吉或熊野的本社都被視為古老之物，這種對現實的高度自信，才促使「今樣」等流行歌謠的誕生。

我們以東山七條為中心，藉此得以遙想後白河時代。該地區也與豐公淵源極深，有著供奉秀吉、涵蓋伏見城遺跡的豐國神社、以大佛與「國家安康」之鐘聞名的方廣寺、與擁有桃山襖繪的智積院等。後白河院與豐臣公的重合讓人感到某種不可思議的共通處。若要在白河院的文化回顧方面增添些許經濟要素，可至鴨川對岸六條寺町的長講堂一探。長講堂為後白河院落髮後所建的佛堂，稱為法華長講彌陀三昧堂，現存法皇畫像與雕像等兩件肖像。其實，這座長講堂才是累積於院政政權下的皇室經濟根基，而後白河院繼承的龐大領地，因為整體不分割的原則而傳承至中世。於此意義下，長講堂或許是最能傳達後白河院精神的地方。

第七章　六道的世界：六波羅

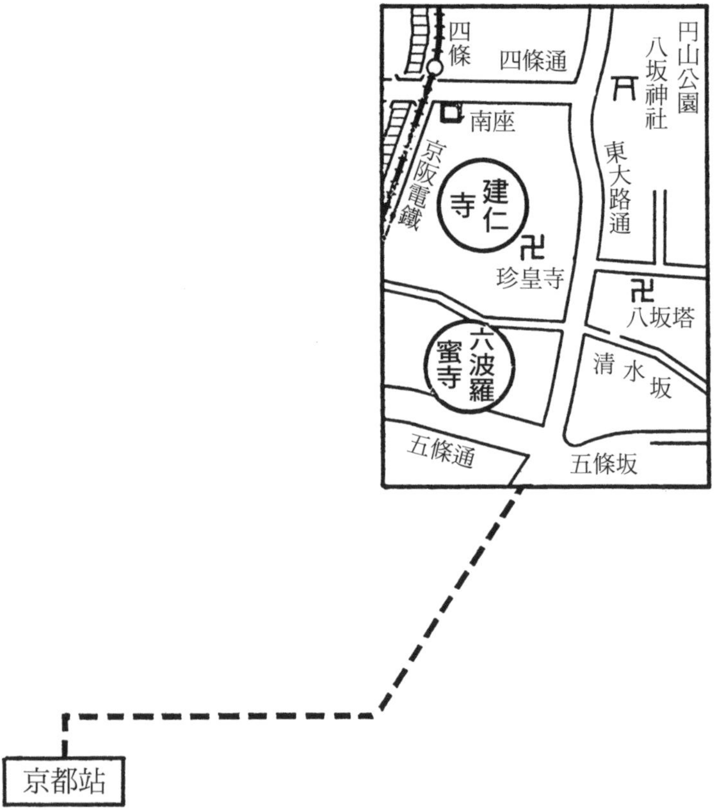

前頁：六堂之辻的閻魔大王像

至今仍瀰漫著古代末期宗教氛圍的六波羅蜜寺本堂

六道先生

歷史上，以六波羅政權[1]、六波羅探題[2]大為出名的六波羅，地理上究竟隸屬何處呢？即使是京都居民也鮮為人知。其實六波羅地區恰好位在夾於南、北白河之間的鴨東，自古以來就是讓人產生無常感的市民墓地——鳥邊野的入口，這裡相當靠近匯集老幼貴賤、眾人信仰的清水寺觀音，是今日仍散發從古代到中世的京都氛圍之地。

京都中京的人們，一到了每年的盂蘭盆時節，就會進行六道巡拜。他們穿越四條的橋，在大和大路轉向南邊，再往東爬上平緩的松原坂。搭乘市電在「清水道」下車後，自坡道上往西下坡，隨即可抵達。但我更樂於瀏覽兩側的切子燈籠、販售供品羅漢松的攤販，同時依循著迎接亡魂的鐘聲，自松原坂緩步向上。坡道北側的古老紅色大門，即是以六道之名為人熟知的珍皇寺。本堂前方則是六堂之辻（六堂岔路），本應是通往冥途之路，但對親近之人在鳥邊野化作煙塵的京都人來說，一年一度之六道巡拜、迎接亡魂的儀式，已傳承千年。入門後的右側，是安置小野篁像的堂殿，據傳是其往返冥府之處。寺內相異於先前介紹的禪寺與門跡寺院，是純然的地獄與極樂的庶民世界，讓人感覺就像站在圖畫前解說圖畫的氛圍，被原封不動地留存下來。珍皇寺西邊，是念佛三昧的愛宕念佛寺，今已被移往嵯峨深處。這些寺院堪稱是庶民魂魄的故鄉。然而，珍皇寺在盂蘭盆時節以外卻全然被京都人遺忘。每到普渡之際，人潮才突然聚集而來。

室町時代，市井小民結伴參與六道巡拜，不僅是為了緬懷過去在此生活的先人，更是讓活在世上的人們有親近彼此的機會。只要前往當時佔地更廣的珍皇寺，就能欣賞猿樂[3]等。這裡的猿樂不若觀世、金春等四座的表演沉重，因為是由賤民系譜中被稱為「唱門師」（聲聞師）的雜技者演出。雖與盂蘭盆會無關，但寶德二年（一四五〇）二月，世阿彌逝世後七年，柳原唱門師小犬在六道珍皇寺演出勸進猿樂。正當小犬要開始跳舞時，卻發生了侍所受管領之命，將之驅趕的事件，據說是背地裡受到觀世、金春兩座的指使才妨礙演出。但不管如何，還是能從中窺見在六道珍皇寺舉行的大眾表演風格。這一帶斜坡甚多，自王朝後即有眾多人稱「坂者」

的賤民定居於此，而珍皇寺是包含這些人的大眾信仰之地及慰藉之處。據傳，本堂主佛藥師如來坐像是藤原時代的上乘之作，雖說如此，但在民眾湧入這座寺院時，本堂氛圍因人潮而壟罩著悶熱的濁氣，終歸與藝術鑑賞相去甚遠。即使要評論主佛的藝術價值優劣，這裡的氛圍也會令人猶豫不決。讓庶民們在這樣的環境中度過一天，大概就是盂蘭盆節的存在意義吧。隨著時代的變遷，清水坂的陶瓷店也在這一天開設攤市集，並且以陶器節的名義吸引了許多人。原本應該是六道參拜回來的顧客被吸引到陶器節，反而變成了陶器節的顧客去參拜六道。即使不參拜六道，每年在陶器市買個新茶碗的習慣也將延續下去吧。只要是京都人，都期待著這一天的到來，希望在市集當天挖到不期而遇的寶物，增添平日用餐的樂趣。

接著，是背負六波羅之名的六波羅密寺，其坐落於六道珍皇寺之西，松原坂轉向南邊後的町中央。從六波羅密寺、六道珍皇寺及過去的愛宕念佛寺彼此距離甚近來看，不出所料，古代末期這一帶應被視為同一區。六波羅密寺創建於藤原時代起始的應和三年（九六三），由空也上人開基。該寺廣為流傳的著名雕像是總身著麻衣、腳踏草鞋、手拿鹿杖，一邊敲打掛在脖子上的鉦，一邊在市街念佛的空也上人形象。他的念佛之聲，被具體呈現為六尊小阿彌陀像，在當時被稱為「市聖」為許多民眾熟知。而另一位人稱「革聖」的行圓，不畏寒暑、身披鹿皮教化大眾，終至開設革堂。「革聖」與「市聖」的活動可謂相互輝映。果不其然，其中蘊含的庶民性，仍是與六道世界相關的產物。

今日的六波羅密寺位處該町，雖然屢遭祝融，但其威風凜凜的本堂，據推測應是在南北朝時代的貞治二年（一三六三）於被縮減的腹地內重建，幾乎佔滿了該地。據說寺內多尊佛像傳承自創建之初的藤原時代，包括：主佛十一面觀音立像、四天王立像、元地藏堂的主佛地藏菩薩立像等。其他如安置在元閻魔堂，鎌倉時代的閻魔王坐像，則身穿道服、手持笏，呈挺肩之姿。既有閻魔又有地藏，愈加顯現這座寺院的特殊性格。

六道巡拜之所以深深擄獲人心，是因為惠心僧都源信發表《往生要集》，闡述地獄、餓鬼、畜生、修羅、人間、天上的六道世界，並描述相對於此的極樂淨土景象。換言之，這種景象在表達出強烈欣求往生極樂之際，反而讓人們更加意識到六道世界的存在。《平家物語》灌頂卷中的條目「六道之沙汰」，即使恐怖，卻仍繪聲繪影地描述，隱居於大原寂光院庵室的建禮門院，從國母這樣的天上道起，經浪上、船內的餓鬼道，每日戰爭中的修羅道，終至叫喚、大叫喚的地獄道體驗。在該女院眼中，世間即是六道輪迴化為現實之處。因此，進行六道巡拜的人心中，應對極樂有著相當程度的強烈渴求。

清盛像的幻想

六波羅蜜寺內，藏有佛師運慶與湛慶的著名雕刻肖像，與此齊名的一僧形坐像，今以平清

平清盛托在手中的書卷，是物語書還是《法華經》？

盛像稱之。確實，這座雕像不只契合六波羅一帶的風土民情，還展現出符合清盛之名的銳利眼神，堪稱鎌倉時期的寫實雕刻傑作。這座清盛像精力十足，能引領我們進入治承、壽永的世界。

在平忠盛的時代，平氏是院政不可欠缺的支柱，並在保元、平治的兩場亂事中奮戰到最後一刻。在那之後不到十年，清盛在仁安二年（一一六七）升為太政大臣，整個家族也佔據要職，人數高達公卿十六人、殿上人三十餘人。平氏政權正是樹立於此一時期。他們的作法是與皇室、攝關家等締結姻親關係，躋身貴族社會，但他們作為武家政權其實甚為陳腐；即使如此，作為武門統帥，可見意氣昂揚的武士出入。被他們定為根據地的所在，即是六波羅。自南白河五條到七條之間，建造廣達東西五町（約五五〇公尺）、南北八町（約八七〇公尺）的邸館，形成號稱「細數之下五千二百餘宇」的街區。

平氏政權之所以選擇六波羅一帶作為根據地，主要是位於川東的這塊區域是仍未開發的閒置土地，加上其連接後白河院的法住寺殿北側，因此可視為蘊含打造新政治世界的考量。然而，再更深入一點想像，六波羅北接以六道之名、被視為庶民佛土的區域，這或許是為了替武家政權的起始增添親近之感。然而六波羅的興盛只是曇花一現。

在那之後，京都在治承、壽永的內亂動盪中猶如風中落葉。在這個時期，賀茂川以西的古老京都已然滅亡。在內亂之前的安元三年（一一七七）四月，京都慘遭建都以來首次大火。且讓我們一窺《方丈記》中躍然紙上的描述。

此前的安元三年四月二十八日，風狂烈地吹起。在這不平靜的夜晚，戌時許，都之東南出現火光，波及西北。最終蔓延到朱雀門、大極殿、大學寮、民部省等，並在一夜之間化為灰燼。

起火點是樋口富小路一帶之類，據說是從讓舞人住宿的臨時小屋開始冒火。因紊亂風吹，火苗蔓延各處，就像將扇子攤開一樣，越到末端火勢越廣。遠處人家煙霧嗆鼻，近處火焰吹到地面。灰燼被吹到空中，在火光映照下，陷入一片火紅，而耐不住風、被吹散的火焰，則宛如飛行般地越過一町、二町，持續移動。其中的人們，不知是否還有意識。他們或被煙嗆倒在地，或因火焰昏厥而隨即死亡。或隻身一人總算逃出，但來不及取出財物。七珍八寶皆成了灰燼。損害不計其數。當時公卿家有十六棟燒毀，還有其他無法計數的部分。都之三分之一遭到波及。男女死者數十人。牛馬之類傷亡數，無從得知。

如此淒慘壯烈的光景，即是平安京最後的模樣。在日本古典中，如此歷歷在目地描述火災的文章難得一見，說明了這場大火給人留下的強烈印象。大火再加上雪上加霜般的、福原遷都的打擊，致使平安京完全荒廢。《方丈記》中記載：「爭相豪華的邸宅日漸荒廢。家屋拆解成材木，以筏乘載，順淀川而下。轉眼間，留下的空地變成田地。人們的想法改變了，僅重視馬與鞍等。沒人想要牛與車。」同年冬天，雖遷都回京，但卻如「然而，一間間拆毀的房屋會變得如何呢，並未悉數依舊樣建造。」所述，平安京未能回復舊時的風貌。

就連六波羅的平氏之町也隨之衰亡。鎌倉幕府成立後，這塊故地諷刺地搭建起源賴朝的宅邸，而北條時政、一條能保、平賀朝政等權威之士接連擔任京都守護一職。接著在承久之變後，此處設置南、北六波羅探題，呈現出小幕府一般的樣貌。即使如此，鎌倉幕府在京都留下的足跡仍極其貧乏。原因可說是，京都從體質上就排拒鎌倉幕府。

傍晚時分的建仁禪寺，成為孩童遊樂的場所。

建仁禪寺

六道巡拜途中，從四條通經大和大路的東側是建仁禪寺大門。該寺是日本最早的禪寺，由榮西禪師建於鎌倉時代的建仁二年（一二〇二）。八坂新道上，朝南的黑門是敕使門，傳說是將小松內府重盛之六波羅宅第的大門遷建到此。當然這只是傳說，即使是室町時代的唐樣（中國風）四腳門，我們卻能被這則傳說深深感動，也因為身在其中而感覺到建仁禪寺的在地風俗。

建仁禪寺內，從敕使門起，放生池、三門、佛殿及方丈[4]於南北向排成一線，展現出極其井然有序的伽藍配置，四周以塔頭[5]包圍。此為京都眾多禪寺的共通配置，比起清靜沉穩，此外觀更令人感到高慢、難以接近。對已見識過六道珍皇寺的人而言，是基於對同樣在地風俗的親近而造訪，但兩者卻截然不同。然而，寺院的荒廢反而挽救了如此冷漠的印象。在缺乏空地的地區裡，敞開的寺院腹地恰好成為孩子們的球類運動場，讓人不知不覺嘴角上揚。即使如此，人們普遍認為，京都的禪寺是最「京都」的地方，尤其茶室、庭園總備受讚嘆。倘若視其為異質，聽來或許有點奇怪也說不定。但我想，這座禪寺具有的印象，絕非由京都的這塊土地所造就。因此，即使在前往禪寺的路上、周遭圍繞的大自然中，都讓人倍感京都的風土民情。禪寺本身仍非僅限於京都的存在。毋寧說，兼具鎌倉風格更為正確。甚至，我有時候覺得，京都五山的領域是名為鎌倉之國的租界。於此觀點下，建仁禪寺與六道世界就顯得完全對立。即使如此，建仁寺自創建於這片土地上以來，必然已深植當地。

榮西起初學習的是天台宗。他在仁安二年（一一六七）、文治三年（一一八七）兩度造訪宋朝，並為了復興天台而試圖推廣臨濟禪，即使當初受到叡山壓迫，也自行撰著了《興禪護國論》進而積極傳教。另一方面，他建立建仁寺時，並未輕忽可能來自叡山的反對，因而僅讓建仁寺作為隸屬延曆寺的末寺。在此之前，榮西曾為了推進禪宗的興隆前往鎌倉，得到幕府支持後在鎌倉建立壽福寺，並基於將軍源賴家之期望而在京都建造建仁寺。不過，究竟為何能如此在京都培養看似異質的禪宗呢？即使京都在武力及高層政治方面屈服於鎌倉，但思想、文化等方面，卻不可能這麼簡單就被東國感化。然而，倘若禪宗是因鎌倉將軍之力而得以根植京都，理由之一應是榮西自稱天台沙門，並於建永元年（一二〇六），東大寺勸進（募款人）俊坊重源死後，致力復興東大寺圓密禪戒四宗的兼學活動。他心中那份振興日本天台，甚而日本佛教的崇高理想，必然與京都的土地相當契合。在京都的土地上，建仁禪寺設於極為接近六道世界的位置，這點絕非矛盾，反而具有正面積極的意涵，可謂古老宗教裡的新芽。

接著，榮西雖靠攏鎌倉幕府，接受當時已對京都產生興趣之將軍源賴家、源實朝的皈依，卻未屈膝於北條一族之人。榮西是眾所皆知的《喫茶養生記》作者，構思該書甚早，建曆元年（一二一一）正月撰寫初版，又於建保二年（一二一四）正月撰寫修訂版，並於隔年二月四日獻給將軍源實朝。源實朝自前夜就苦於宿醉「御淵醉」，榮西勸其一杯茶，以治宿醉，並呈獻《稱譽茶德所在之書》一冊。假使只有此事，並不值得一提，然而，源實朝之所以沉溺飲酒，或許是因為在北條一族的壓迫下陷入自暴自棄。這麼一想，在這樣的局勢下，榮西勸進的一杯茶，可謂蘊含深厚情愛。榮西這番心思，誠然是京都人的心思。

建仁禪寺中藏有大量桃山文化的遺產。尤其是兩足院的襖繪《童子圖》、《草山水圖》為長谷川等伯的傑作。禪居庵的襖繪《松竹梅圖》則為海北友松的傑作。而其中最特別的是出自俵屋宗達的一對屏風《風神雷神圖》，可蔚為京都享譽世界之作。

第八章

京都裡的鎌倉世界：高雄、栂尾

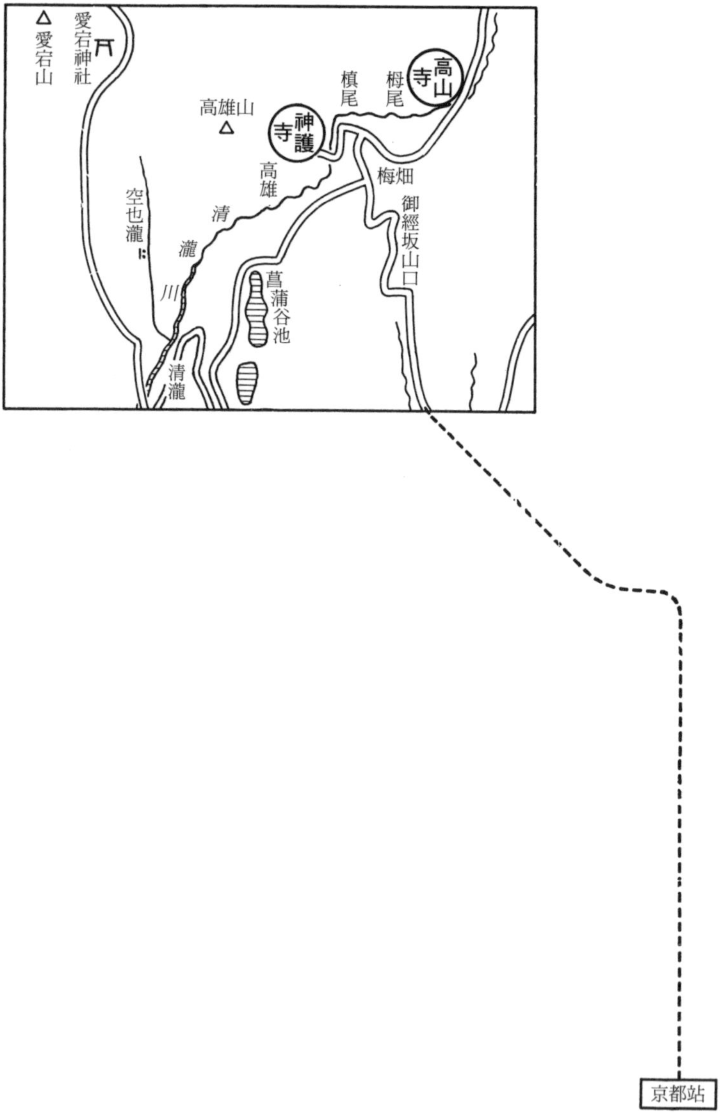

前頁：樹下坐禪的明惠上人像

東福寺從東大寺和興福寺中各取一字而得名，殿堂宏偉；三門重建於南北朝時期。

淨土與禪

研究中世的京都，從大局來看有兩個主軸。其一是鎌倉時代興起的新宗教弘法，另一個則是室町時代後日愈蓬勃的商業發展。以這兩軸為中心，隨著京都與其他地區展開文化交流，京都的特質也日趨鮮明。事實上，這兩者並非毫不相關，尤其藉宗教途徑擴展的商業，以及宗教藉商業途徑傳播的這層關係不容忽視。但於此論及京都時，我想將此兩者分開，先討論宗教的部分。

自建都以來，京都坐擁天台、真言兩密宗的本山，擁有眾多皇室的御願寺，雖然它們為貴族的生活增色不少，卻離一般民眾相當遙遠。然而，之後當淨土思想愈發興盛後，對民眾的教化也隨之推進。在這過程中，前述的六道世界被揑塑成形。源信的著作《往生要集》是奠定淨土教穩固的根基，依循一般的文化在地化現象，其後淨土教的興旺塑造出佛教日本化的一大特色。換言之，淨土信仰在法然上人源空[1]對其貴族化、遊戲化的批判之下，反而能夠普及民間；而親鸞則更進一步，讓淨土信仰得以滲透到最底層的民眾。就如同我們可從被喚作「革聖」的行圓之姿察覺一般，即使從事殺生的階層都成為救濟對象，而親鸞以「屠沽下類」一詞，將屠殺動物的屠夫、買賣物品的商人等皆視為其主張之「惡人正機說[2]」的對象。

在東山之中的圓山與華頂山一帶，其谷地自古以來就被人們稱為大谷，法然、親鸞的遺跡極其豐富。知恩院是法然倡導一向專修念佛（一心念佛），從天台舊教團中展開宗教革新的吉水房遺址，也是法然最早的墓地，源自文曆元年（一二三四），法然弟子源智所建的大谷寺與知恩院。法然死後，廟堂在叡山眾徒激烈壓迫下遭到破壞，但在那之前，遺骸被移往西郊的粟生野並加以荼毘[3]，並葬於粟生光明寺的本廟，其遺骨後來分別置於嵯峨二尊院與此地。

法然的弟子親鸞死後，同樣葬於吉水北大谷，此處曾設有廟及御影堂。後來該座御影堂遭到山門眾徒踐踏，因而移往山科本願寺，並歷經石山本願寺，然後來到目前的本願寺。該廟直到家康統御，知恩院擴張的時期都還存在。再更之後，則遷往東西大谷廟。位於六波羅東側的東西大谷廟，距離往昔的六道世界頗近，淨土教祖師們的墳墓置於此地，可謂不可思議的因緣。

淨土教的流派分為法然的淨土宗、親鸞的真宗，其信徒遍佈各地。同時，一遍[4]的時宗又因「踊念佛」（唱跳念佛）的儀式廣為人知。他們在市區建立了四條、六條、七條、市屋等道場並大為興盛。自此，這些教團誕生了許多有阿彌號（法名）的藝術家，然而到了室町時代，隨著內部日趨疲弱，最終勢力被本願寺教團奪走。然而，雖然四條道場的金蓮寺遷往鷹峰，但六條的歡喜光寺等道場寺院仍傳承至今，此寺收藏的《一遍聖繪》是相當知名、關於一遍傳記的繪卷。

相對於倚仗彌陀信仰且強調「他力本願」的淨土教，同樣出身天台、先前提及的榮西，則是主張如釋迦歷經苦行後得道與「自力鍛鍊」。臨濟宗寺院除了建仁寺之外，還有眾多名剎，譬如：九條道家以聖一國師為開山，創建的東福寺；在龜山上皇發願下，以東福寺的無關普門為開山，將離宮松下殿的下之宮設為禪寺的南禪寺；在同為上皇離宮的龜山殿遺址，由夢窗國師開山，為亡者的後醍醐天皇祈福所建的天龍寺；由與夢窗並列禪林雙璧的大燈國師創立，被譽為天下無雙禪林的大德寺；在花園法皇的離宮萩原殿遺址，由大燈國師的高徒關山慧玄開山所建的妙心寺等。眾所皆知，當時上述寺院都曾作為五山之一而繁盛，因而到了今日仍法燈傳承不息。始終都是五山之一的，唯有白河天皇創建，以六條阿彌陀堂為禪寺的萬壽寺衰頹，並與東福寺的塔頭三聖寺合併，僅留其名。原六條御堂的主佛丈六阿彌陀如來坐像設於京都國立博物館玄關，那藤原佛[5]的典型姿態，讓人倍感世間的轉變。

京之禪寺均為臨濟禪，這點是耐人尋味的現象。這又讓我們想起榮西這號人物。出身榮西的僧房，赴宋朝留學的道元[6]回國後，於深草創立興聖寺（很快就遷往宇治市）。他開創了禪之主張更加鮮明的曹洞禪，並致力在京以外的地區傳教。因此，京都除了初開道場的興聖寺外，甚少曹洞禪的寺院。然而僅有這點，似乎難以說明這兩派禪宗與京都的關係。臨濟禪在京都內之所以勢力龐大，是因為曹洞禪伴隨著祈禱等，宗教性過強，而臨濟禪的教養式的文化性格較為突出，使其為京都接受。正如早前在建仁寺所見，禪寺並不那麼為人親近，但即使在今天，蘊含其中的文化性卻是它的魅力之一，而其中一種文化表現是「茶」。

京都禪宗這樣的性格，甚至有時能容許宗教上應屬對立、矛盾的禪宗與淨土二者相互擁抱。我想大眾早已注意到，貫徹東山文化的思想支柱即是上述兩股力量的共存，而在慈照寺——即銀閣寺之中，確實能強烈感受到這樣的風格。

神護寺與文覺

京之禪寺座落於京都的南北，很難看作單一地區，況且這些禪寺並非每一座都能融入京都。如此一來，京都內便出乎意料地少有鎌倉時代的行跡。但好不容易發現一處，就在洛西的

通往神護寺之路相當難行；學生時期的我不覺得辛苦，現在則是氣喘吁吁。

高雄、栂尾。來到此處，便能找到融入京都的鎌倉文化。

在市公車的高雄站下車後，若要前往神護寺，需先步下清瀧川的山谷，再向上攀登。這段距離對於步行者相當艱辛，但在越過谷地時將會產生探訪新世界的意識。換言之，清瀧川蔚為神護寺的結界。橫跨綠意盎然山谷的大紅橋後，正安元年（一二九九）營造的下乘石（結界石）穩重地安放於此。於此重整思緒後，我們爬上陡坡。如今因為觀光巴士的發達，無論前往哪間寺院都能將人載到門前，因此就不太能細細品嚐，在漫長的去程中期待未知事物的樂趣。無論如何都得穿越山谷的神護寺，總伴隨著永遠不會消失的清淨感，以及造訪遙遠異域的期待。不久之後，山門將在一片雜亂的石階之遠處浮現。

神護寺如何被創立的，我們並不清楚。自古以來，該地就有名為高雄山寺的寺院，當最澄於延曆二十四年（八〇五）遠赴唐朝之際，曾舉行灌頂秘法，勤操等七人成為受法弟子。後來，和氣清麻呂之子真綱，請求將清麻呂創立於河內的神願寺寺地與高雄山寺交換，在得到許可後，於是在天長元年（八二四），此寺寺名改為神護國祚真言寺。接著該寺被囑付給弘法大師，他便在此居住一段時日，直到其弟子真濟繼承時，寺院大致成形。今日神護寺金堂的主佛藥師如來立像，其堂堂身軀、雄偉風貌、鮮明銳利的衣紋等，以弘仁時代（八一〇—八二四）的典型傑作而聞名；而安置於多寶塔內的五尊五大虛空藏坐像雖與前者處於同一時代，但形貌迥異，以豐盈豔麗且性感的形象揚名。多方對照之下，神護寺可說以對比的方式，呈現出平安時代初期密宗藝術的兩個面向。在此意義下，神護寺代表了某一個時代，但卻要刻意將其置於鎌倉時代來理解，事出必有因。

原因在於，這座寺院歷經正曆五年（九九四）、久安五年（一一四九）兩度燒毀而衰頹滅亡後，到了仁安三年（一一六八），因文覺上人思慕空海遺跡而入寺，使該寺再度復興。當時，文覺將其強烈的熱情投注於此山裡。眾所皆知，年輕時的文覺是俗名為遠藤盛遠的武士，他戀慕已為人妻的袈裟，最終卻誤殺了替夫身死的袈裟。他這樣無法壓抑的熱情，即使到了出家後，決心重建神護寺之時也未曾稍減，於是他前往法住寺殿，向後白河法皇募捐。他右手持認捐簿，左手握刀阻擋，並說道：「不捐贈一處莊園給高雄神護寺，我就不走」，最後被以不敬問罪。然而，文覺卻在流放地的伊豆與源賴朝相遇並鼓舞其舉兵。後來當源賴朝取得天下時，文覺作為其背後助力，逼迫後白河法皇寫下著名的《文覺上人四十五條起請》，甚至還讓他按壓手印。在京都，這類人果不其然是罕有的存在。對京都人來說，他可說是最接近鎌倉之人。

無論如何，神護寺因為文覺而得以中興。該寺擁有著名的《源賴朝像》、《平重盛像》、《藤原光能像》、《文覺上人像》等四幅畫像。原本還要加上據傳為藤原隆信所繪的《後白河法皇像》、《藤原業房像》共六幅，這些應該都是以列坐的方式懸掛成一排。畫上的源賴朝以全然的朝臣之姿被描繪。這不只反映出賴朝背後的貴族意識，也表現了不被鎌倉的異質性所同化的京都文化。提及京都文化時，在幾乎全為新建的現存堂塔中，據說位於西南角、稱為納涼房的大師堂為大師住房的遺跡，但這是於桃山時代重建的；寢殿的風格則使用蔀戶[7]，而且板門貌似住宅、外觀親切。正面的鎌倉時代神龕中，供奉著板雕的弘法大師坐像。據傳是正安四年（一三〇二），佛師法眼定喜摹刻土佐金剛頂寺之像。在這尊半浮雕傑作中，我們能窺見有著「雕刻時代」之稱、鎌倉的真實樣貌。就這麼地，這尊大師雕像在納涼房中，靜默遠望寺院的興衰。

拜訪石水院，沉浸在其寧靜的環境，此時品上一杯淡雅之茶，頓感心靈愉悅。

明惠與高山寺

高雄、楨尾、栂尾是皆是以三尾紅葉廣為人知的名勝，其中最內側的是栂尾。高山寺原是神護寺的別院，荒廢已久後於建永元年（一二〇六），由明惠上人高辯奠定新的寺基並作為華嚴道場。高辯生於紀州在田郡，九歲出京到高雄，跟隨作為文覺弟子的叔父上覺修行。他對世尊抱持強烈憧憬，終身未變。他的熱情與文覺相當類似，但高辯卻懂得如何壓抑。即使欲前往佛陀誕生的印度大願，也為了有緣眾生而未行動。他以《樹下坐禪圖》為人所知的嚴苛禁慾生活，反倒凸顯出其熱情之烈。明惠對復興華嚴的熱心，與榮西復興日

栂尾山中散布著各式佛足石與石塔，其中的寶筐印塔散發著鎌倉的雄健之感。

本天台的目標，甚而興盛日本佛教有所相通，而且二者意義相當。榮西與高辯因茶而連結，誠然緣分深厚。榮西將二度前往宋朝時帶回的茶，收於「漢之柿形茶壺」中贈與栂尾的高辯。該茶後來成為栂尾茶的起源。

接下來，穿越橫跨清瀧川的幽深溪谷，來到名為白雲橋的石橋，左側出現前往高山寺的石砌道路。在靜謐的杉林裡，高山寺金堂以柔和之姿無聲佇立於此。但該寺的魅力終歸是石水院。據傳這是受賜於後鳥羽上皇的賀茂別院。最初因作為社殿，正面仍留有恍若遺風、嵌有菱形格柵而且設計精緻的蟇股[8]，內部則是讓人感到放鬆的住宅風格，自簷廊眺望的清瀧川頗為美麗。相較於把這座寺院當作寺院來看，反而更接近散發高僧明惠上人居所的懷念之情。

從石水院再爬坡向上，則是開山堂。其內安置著開山明惠上人的坐像。明治三十五年（一九〇二）德國召開萬國東洋學會，英國日本協會的會員如此詢問出席該會的三上參次博士道：「日本高僧中，真的有一生不犯戒的人嗎？」結果就連博士也答不出來。辻善之助博士之後追憶，明惠應可謂一生不犯戒的上人之一。這尊坐像透露出上人拒絕美食、美酒，謹守一生不犯的清淨精神，甚至連坐禪都相當徹底。以至這座山裡，沒有一塊石頭是他不曾坐過的。這點除了華嚴宗，也是與鎌倉禪風相仿之處。

從此地再往前走，經過小野鄉便可抵達丹波。美麗的北山杉形成樹林，出產北山研磨的原木。前方的山國，有著當時為繁盛皇室所統轄的山林。如此支持京都發展的木材供給地，向北方的丹波延伸而去。於此歷史背景之下，北山杉的密林分外美麗，並觸動人們的文學想像。此外，還有從山國向朝廷進貢香魚的習慣。保津川中，可捕到香魚。面對戰國衰微的宮廷，山國領地之人未曾改變，仍獻上他們的貢品，直到今日村中都還留有少許當時的收據。這些並非全是遠古之事。至今，香魚仍是流往京都盆地的峽谷裡最高級的餽贈之物。杉原木與香魚，象徵的正是著名的山國之地。

第九章　新京都的誕生：町

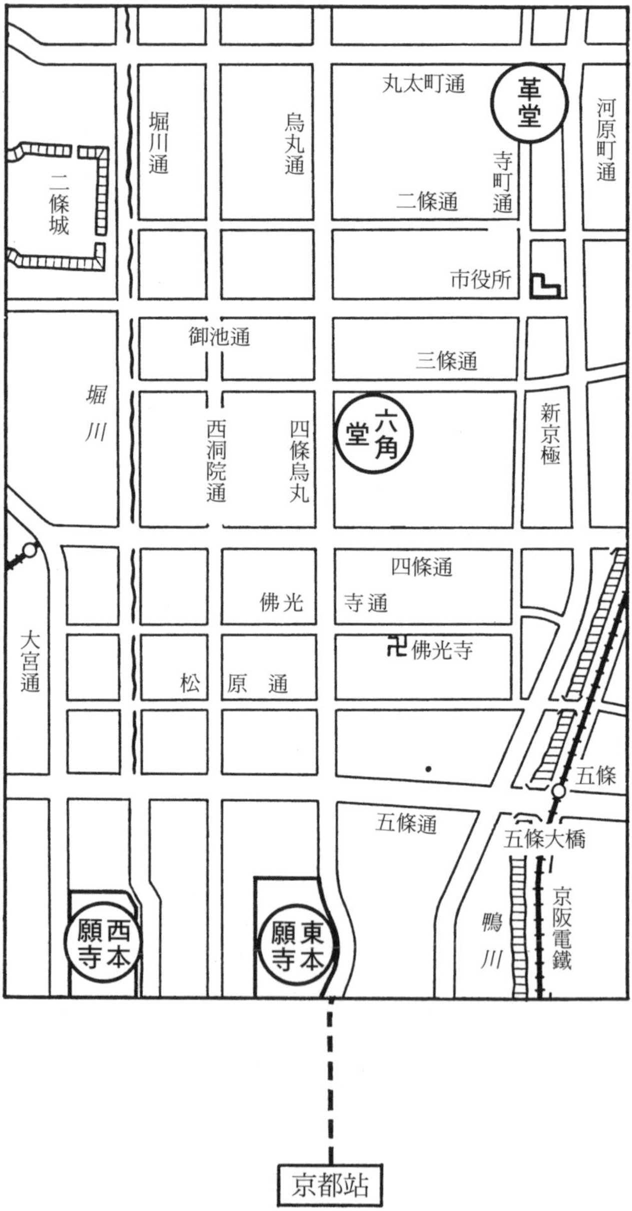

前頁：在古代的京都上形成的町區

作為南北朝內亂遺產的金閣寺，眺望著京都之町的新生。

內亂之中

思索中世的文化交流時，首先是宗教，再者是構成第二主軸的商業。早在京與白河並稱的時期，京裡就自然發展出被稱為「町」的商業區。而邁入鎌倉時代後，商家越來越多，主要的街道也日趨昌榮。其繁榮程度讓承久元年（一二一九），沙門蓮阿彌陀佛為讚岐國屋島峯千光院鑄造一口洪鐘時，特地上京到六條町募款，頃刻之間就達成目標。

相對於此，從平安末期到鎌倉時代，以該町通（新町）為中心之室町、西洞院間的帶狀區域常發生火災，寬喜三年（一二三一）正月，起自四條町的火災受災範圍相當大，南到綾小路，北及六角町、四條坊門，據說連「商賈之輩」都焚燒殆盡。文曆元年（一二三四）八月的火災，波及了七條坊門南、八條坊門北、烏丸西、油小路東，還有商業中重要的金融業者——土倉，損害無可計數。該區有著稱之為座棚，販賣各式商品的店鋪。所謂的「座」，是按商品分類而設立的組織，例如三條、錦小路、四條等有眾多綿座商人，他們奉祇園社為本所，被稱作神人。他們中有許多人在過去的古代律令制下，從事品部、雜戶等技術性的生產工作，是在令制解體後，轉變為隸屬寺院的一群。「座」這類組織享有獨佔生產、販賣，免除課役的特權並受到保護，成了實質上解放這群人的手段。上述僅佔地一方的帶狀町，在南北朝內亂時才擴大到整個市區。早在鎌倉時代末期，古老條坊的「保」便開始分合，自然形成分區，並延續到後來所謂的「町」。曆仁元年（一二三八），幕府在京都市內建立的警衛機關「篝屋」，便設於新形成的四十八個町。內亂期間，京都數度成為戰場，在各處留下荒廢的遺跡。收錄於《建武年間記》的「二條河原落書」中，高唱的「近來都城的流行之物」，最為確實地展現出京都的模樣。其中一節對町的風貌描寫如下：

各町設置篝屋，簡易搭蓋五間板三枚。
拉幕環繞的官廳，不可勝數。
諸人敷地仍不定，多為蓋一半的房子？

去年火災後的空地，遍地糞桶。
其餘偶然存於火中的屋舍，遭沒收擱置。
非職士兵增加，路口相逢也不打招呼。
花山桃林落寞，牛馬遍滿華洛。

此後歷時半世紀的內亂，盜賊集團橫行，火災不斷。即使到了室町時代，也因嚴重饑饉，許多市民餓死、流離失所。

在如此天災、戰亂帶來的災禍中，眾商人之力成為助力，推動著新町的重建。町是京都居民地域性的生活單位，同時包含商業區的意義。

應永八年（一四〇一）五月，作為完成置辦如法經幡的賞賜，足利義滿任令六角堂法師們為「三條面惣四町町」的知行。這樣的表述，說明在三條面的兩側已經出現零散的町，而這些町已整合成一個總町。在這樣的町中，例如應永二十四年（一四一七）八月，綾小路大宮與四條大宮間的小屋門旁，發生了為父母報仇的事件。痛下殺手的是主僕二人，被砍的則是孤身一人。因為這場騷動，町內庶民聚集，最終逮捕殺手並移送官府。在此，大宮通兩邊與四條綾小路之間的一町地，被定為一個町，而且這個町的警衛早非委託官人，而由在地町人自主管理。

應永二十六年（一四一九）十月，幕府為了保護北野社西京神人製造、販售酒麴的權益，關閉了洛中近郊的製酒室，在讓西京獨佔生產時，幕府還和當事人，也就是酒屋或土藏的所有者，一同以町或町人之名連署，放棄製酒室的誓約。例如四條坊門烏丸南東側的製酒室等，甚至有著「身為向後町人，如有建室之事，應報告」的證言。意即為了防範犯罪，需背負連帶責任。長期經歷天災、人禍等災禍，町人有了一定程度的自覺。這種傾向在經過應仁、文明大亂後，而且更趨強烈。

室町時代，因足利尊氏將幕府設於京都，京都在形式上再度恢復為政治中心。但足利幕府本身弱小，不過是攀附於諸國守護勢力的均衡上，政治意義薄弱。足利義滿時代是幕府權力的巔峰，他在北山營造象徵幕府權威的金閣，同時也是世阿彌等大師輩出、能劇盛行的時代。金閣三層的結構，首層的法水院伴隨池泉迴遊式的庭園，為寢殿造的風格，第二層潮音閣為佛龕風格，第三層的究竟頂，則是禪宗的佛殿風格。先前曾在法勝寺見識過的奇異性，在此因為堪稱機智的低調形式而頗受認可。為了維持幕府，無法輕忽公家宗教權威的義滿，以積極納入公家文化的金閣、能劇等點綴也是理所當然。由此可知，若要讓京都作為政治中心，就不可無視王朝的存在。

然而，幕府權威以足利義滿為頂點，其後逐漸動搖。在確立政權之前，已在明德、應永等內亂，壓制山名、大內等勢力龐大的守護大名。但義滿死後，永享之亂時關東的管領家叛變，終於在嘉吉之亂時，將軍足利義教因赤松滿祐而喪命。因此幕府近乎頓失統制力量。在此期間，應仁、文明之亂以將軍與管領斯波、細川兩家的繼承之爭為中心，再加上守護大名賭上各自分國的封建支配並大動干戈。接著，從應仁元年（一四六七）到文明九年（一四七七）的十一年間，不僅京都，而且嵯峨、梅津、桂，甚至西山、東山、北山等無一倖免，全被燒毀。誠然「罕有之天魔所為」。在南北朝內亂後成長的各町，也在此時再度全被焚燒滅亡。不只新町，古都也全盤盡失，就連安度數次內亂之王朝以後的文化都盡數毀滅。擁有八角九重大塔的法勝寺也消逝於這一時期。從那之後過了半世紀，大永七年（一五二七）春天，當時公卿的代表人物三條西實隆拜訪三條公賴，公賴在日記中寫道：「桓武以來的平安都城今已荒廢，當前零落亦無主，都中狀態淒慘。」可謂重傷難癒。

京都的主人

京都已變成焦土，但為京都帶來重建生機的是過去各町的商人、手工業者，也就是所在各町的居民。御所以西，以上、中、下字冠頭的立賣町也在此時形成。然而，重建並非一蹴而及之事，因此各地基於團結自保而形成了町，而我們慣於稱呼住在其中的人為「町眾」。

一町原是古老條坊的最小單位，是指四邊由街道包圍的一町見方區塊。但新町則是以街道的兩側組成一町，便自然形成中間為道路的龜甲型。這樣的數個行列集合後便形成「親町」。

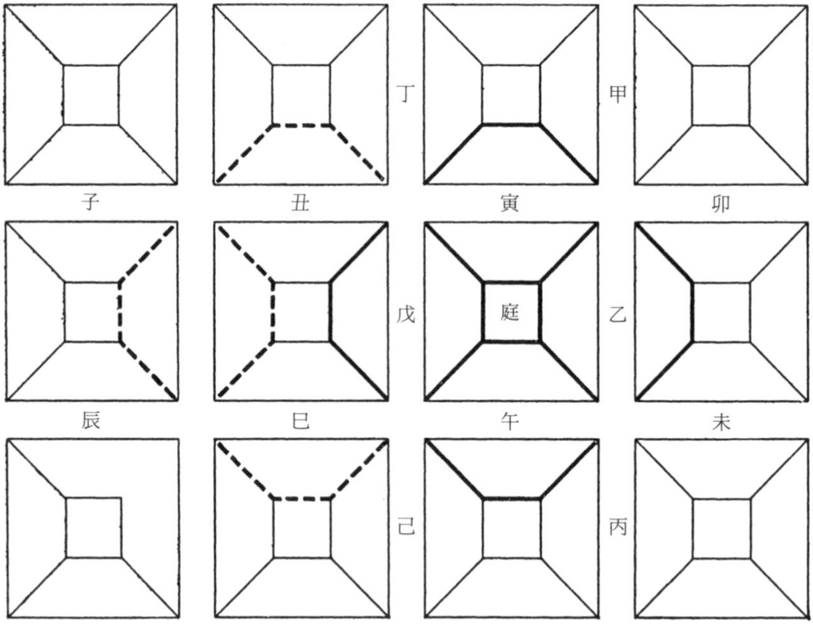

町之結構：天干的縱町與地支的橫町分別連結成親町；在中世時，則由中庭連結一個町的側面和背面。

今日的京都以上行、下行、東入、西入等，再加上町名來指引市區地點，便得益於源自中世的町。時至今日，京都人因與對面人家形成一個町而緊密結合。如東頰、西頰、南頰、北頰之中帶有的「頰」這個字，便是兩側合組成一個「面」的想法。在這之中，我不認為古老條坊的一町概念已然消失。近世以後，隨著一個「面」的町之間的交際來往加深，房舍也越蓋越緊密，與橫町、裏町則愈加疏遠。在中世時，正因為彼此共用井邊、曬衣場、蔬菜田等，背靠背的各町之間，仍保持著一種安全無憂的融洽氛圍。若仔細觀察原三條家、上杉家收藏的《洛中洛外圖屏風》，其實就能清楚明白。圖上，背靠背的四戶人

中京商家的店頭，其蟲籠窗與摺疊長凳顯示其兼具民居功能。

家各自所屬不同的町，因而一處中庭便將四個町連結起來，並形成了精巧的連鎖式結合。這麼一想，古老條坊的一町應該不是完全沒有意義。

但在近世以後，無論如何，與對面人家結為一町的組合相當緊密。即使今日的四條通已被拓寬，電車行駛其上，依然與對面的人家同為一町。新的行政區劃分欲以四條通為界，區分中京區與下京區。如此一來，一個町就會被劃分到兩邊的區，但在京都的舊市區，居民情感上無法認同這種以道路重劃的方式。最終，四條通以南為下京區，然而面向道路的北側也同樣隸屬下京區。這種劃分方式讓該區的兒童上下學時需經過交通流量大的四條通，成為校長的隱憂之一。因此，如此強韌的町內組織，正是京都人的精神依靠。

在這樣的町眾中，無論是誰都能參與「町」的運營，而這是一種地區性的集體生活。因此，町眾雖以商業、手工業者為中心，但卻包含了沒落的公家眾、放高利貸的土倉眾。町眾的生活想必原本就是積極且活絡的，再加上能吸收沒落公家眾具有的古典教養，並受惠於土倉眾極其富裕的經濟影響力，如此便能日趨豐饒。各町以行列式相互連接，彼此伴隨著連帶感，競爭意識相當強烈。中世町眾在祇園會，以「作山」的設計展開較勁，也在「盆踊[1]」以華麗一較高下。所謂連帶感，是在基於平等的基礎上，彼此堂堂正正、獨立自主，同時還能承受競爭，這才有意義。所以町眾的信條是各家獨立，不侵害彼此的獨立、不麻煩他人。該地具有培養町眾文化的根基。

京都之町的居住習慣中存在著某種規矩，就是房屋面向道路的那一面狹小，縱深卻極長，俗稱「鰻魚睡床」。據說，這種情形是因中世名為「地口錢」的賦稅，為減輕以房屋面寬大小來課徵的稅金而形成。前有地口錢，後有聯合出資祇園會的費用，二者均是事實，但家屋結構是否受制於此，則沒有其他確切證據，大概只能以結果推論。相較於此，在建築的外觀上，面對道路的房間只要卸下其紅殼格子[2]、放下收闔式的長板凳，就能立即變身為店面，這種構造將生活直接連結生意的做法表露無遺。結果，雖然在房屋面寬上相互退讓，卻盡可能地增加陳列的貨架數量，其中應該潛藏著想要熱絡町的心情。即便是町屋二樓必備的蟲籠窗，也是出於町人的深思熟慮，在強烈意識到店門口客人的同時，為了掩蓋內部令人不快的一面，特別避免向下或向外觀望的設計。如此造成的悶熱，開店之人總是忍耐承受。這種蟲籠窗早就見於井原西鶴的小說。如此看來，其應是隨著近世後、二層建築的普及而同時出現。因為火災時無處可逃、相當危險，據說町家的祖母總對年幼的孫兒耳提面命：把蟲籠窗向前一拉，就可馬上拆卸。町家其中一側，是稱作「通庭」的夯土地，另一側則排列著房間，正如「鰻魚睡床」的比喻，空間相當細長，通庭接續後院，盡頭為偏房與土藏（倉庫）。這是近世以後，中世的町家經過通庭、邁向後方空地，朝縱向延伸發展的痕跡。其中也不經意透露出町人逐漸富裕的歷史。即使是京都，只要到離市區稍遠的邊緣地帶，依然可見已有二、三百年歷史的農家，其屋頂採用的是歇山頂或是茅草頂；但在京都的町中，更可見到歷經四百年歷史所造就的京都房屋基本格局。二次世界大戰後，為了因應近代生活的種種改善，急速加諸於古老的京都町家裡。雖值得開心，但我想如町家這種利用細長基地建造的民家，才是日本民家的模範。

正如先前所述，各町之間具有的平等性，再從今日各戶人家，連格局都形成標準這點來看，各町的競爭意識必然被帶入每戶人家，這也是主人們具備活力的證據。京都的服裝文化就是在這裡培養出來的。人們批評京都女性「京為衣著破產」，這與批評大阪人的「吃到破產」，想必都是江戶對上方[3]的批評。這兩種說法看似近世的現象，實際上是源自於中世。京都位處西陣織發源地、京染主要產地的環境不容忽視，甚至可說是吳服（和服）之鄉也不為過。特別是室町通、衣棚等處，自古即是和服店家聚集的商業區，至今仍然未變。與這樣的環境匹配的女性和服之美與數量，展現出該戶人家的經濟狀況，也是最具體的證據。提及「為衣著破產」的故事，總令人想起京都銀座年寄[4]中村內藏助與大坂富商淀屋辰五郎，兩家夫人在京都嵐山比試衣裳，並由中村內藏助夫人得勝一事。雖說故事中的京都衣裳看似極盡奢華，但真正一擲千金的反倒是大坂的淀屋。所以京都的中村之所以取勝，與其說是勝在出人意表的黑底，不如說是勝在尾形光琳的藝術。直到今日，京都衣裳仍保有這類元素。

我想此處必須加上註解，這類衣裳不過是「盛裝」，全然迥異於「日常」。服裝文化可清楚劃分兩極，而這究竟可說明什麼呢？一言以蔽之，乃是內與外的明確區別。京都女性的日常穿著十分低調，甚至可謂工作服。更甚者還被認為和遭詆毀為「京之茶泡飯」的飲食習慣相通。這句短評雖有多種解釋，但扼要形容的，終歸是飲食的樸素。京之特產中，酸莖漬、千枚漬、油菜漬、柴漬等方便的醃漬物，不僅種類繁多，風味也極佳。它們被當作京都的伴手禮而廣為流傳，但這樣的樸素其實是京都日常生活的一部分。

我認為京都的「為衣著破產」與「茶泡飯」既非特別矛盾，也不相牴觸。只是在服裝文化方面強調對外，飲食習慣方面批評對內。就像為衣著破產的反面是日常工作服，相對於茶泡飯的另一端，則是歷史悠久的料理流派「包丁道」，現今還有名為生間流的烹飪世家開設料亭。至於懷石料理、普茶料理等，都是結合茶道與禪宗發展的京都獨創料理。在距海遙遠的京都，

祇園會的宵山之夜，也被稱為屏風祭，對中京的町家而言，是比盂蘭盆節或正月新年更令人期待的時刻。

可在山國等周邊河川的上游捕獲香魚，而利用香魚等河魚烹調的料理更是令人食指大動。換言之，京都人在外的飲食生活反而相當豐富。

總結來說，京都人在內盡可能克制，在外則處處表現地毫不遜色，無論何時、對誰，都試圖遵循對等的立場，這正是町眾的氣魄。容我再回到町家的結構上，所有町家的兩側均有高起的「卯建」，原本是用來發揮防火牆的功用因此為了不給他人添麻煩，沒有加設卯建是相當不名譽的事。居民以堆高的卯建象徵作為獨立自主的家戶，不會禍及兩側的鄰居。

法華之世

京町的組織始終以「家」為單位，而且町內各家每個月輪替擔任「月行事」。即使到了今日，走在舊市區內的各町之間，時而都會看到門前掛有月行事木牌的人家。此為實際上擁有四百年歷史，歷經戰爭時期的鄰組制度，由町內會[5]承襲之町組織的實體。往昔能擔任月行事的町人，僅限在擁有房屋者在町內依序輪流。因此町內不必然有著民主式平等，擁屋與租屋族之間橫亙著難以撼動的階級之別。相較於個人獨當一面，京都人更憧憬獨立自成一戶，這是東京人無法想像的，我想這是源於對町人的了解。近世時代，這種兩層的階級關係與農村地主與佃農的關係相仿。

換言之，更確切地說不僅僅是月行事，實際上是由擁屋階級統領著町，以及代表著町。戰國時期，在京中動盪之際，更是在擁屋階級的指示下，町內全員協力構築、形成自衛體制。而沒落的貴族如山科言繼等人，在其中也無法保持緘默。例如：大永七年（一五二七）十一月，京中因柳本賢治用兵而騷動，演變成「世上異常紛擾之間，此方圖子入口加設圍欄」的情況。十二月一日，則有「言捐贈此町事宜，提出希望以竹材設置町之圍欄後，因剩十支，容我在圖子入口建造大門。」不僅提供建材給「町之圍欄」，還費心於「由此方對町勸酒」。「圖子」是道路與道路之間的小路，原隸屬於京都東北郊，現已納入市區的田中鄉。文明六年（一四七四）

八月，鄉民們以前些年燒毀的御靈社（現在的田中神社）為中心構築堡壘，稱作田中構；這近郊鄉村在地團結的必要性，現今則擴及市區。其後，甚至在享祿二年（一五二九）正月，姓柳本之人以收地租的名義闖入一條殿一帶時，還出現「河（革）堂之鐘，事之外撞」、「町眾群起爭鬥」等示威行動。

這般自治的秩序，在歷經天文元年（一五三二）的「法華一揆」後，愈加組織化。這裡我將說明町眾信奉的宗教——法華宗。前文提過的禪宗、淨土等宗派，即使在室町時代也有町人信徒，但在此我想特別強調的是，鎌倉時代發起於關東的法華宗，是在日蓮死後，由其弟子們從關東推廣到北陸，接著在永仁二年（一二九四）日像上京後，在京都迅速廣為流傳。法華宗的教義以「即身成佛」為基礎，欲將現世婆娑化為常寂光土，因此盛行為求現世利益的加持祈禱等，深深擄獲對現世多有執著的都市經商者。所以在室町時代，由柳酒屋等檀越（施主）打造的妙蓮寺，或是以天王寺屋通妙之宅為寺的妙滿寺，以及小袖屋宗句捐贈的本應寺（後為本能寺）等本山一一建立。因此，法華宗堪稱為「町」的宗教，興盛模樣如其激烈的「折伏」（教化）活動所展示，與舊佛教的天台、新佛教的一向宗皆形成了對立。特別是在蓮如[6]的傳教活動引導下，一向宗主要流傳於農村，並向近江、越前、加賀等地開拓傳教途徑。直至文明十二、三年（一四八〇、八一）後，在北國發動了「一向一揆」[7]。一向一揆的勢力隨即波及畿內，最終與法華宗信徒發生衝突；天文元年（一五三二）七月，所謂的「法華一揆」指的正是此事。幕府愁於一向一揆的興盛，驅使細川晴元等人利用法華一揆對抗一向宗，當時的《祇園執行日記》中，由「風聞一向宗，欲討伐都之日蓮宗」的描述，演變到「法華宗謀叛，謂與六郎（細川晴元）之眾聚集一所，進攻山科」。他們在「謂之柳本者之中者」的山村正次率領下蜂擁而起，「率下京上京之日蓮宗町人，在東山巡迴」，後困守六條本圀寺的要害，兵力約三、四千人，均為京中町人。此處的日蓮宗巡迴，來自山科言繼在三條京極所見，呈現「此計有一萬，馬上四百餘騎云云，悉為地下人也，兵具以下讓人瞠目」的狀態。

這些町眾團結成法華一揆，他們針對一向一揆，不僅焚燒山科本願寺，更合力要求確立京都的統治權，並且不顧一切的拒交洛中地租。法華一揆與具有「土一揆」[8]性質的一向一揆相互對立，發揮了牽制農民抗爭的功能。我們不得不說，悍然拒付洛中地租是市民抵抗封建權力的嘗試，這正是法華一揆的歷史意義。

因此，法華一揆並非單純衝動下的起事，而對於町的自治體制之建立具有重大意義。不久後的天文五年（一五三六）七月，法華宗信徒便因山門的迫害撤離京都，就連文獻上也指出，在上京成立了立賣組、中組、小川組、西組、一條組等，而在下京則成立川西組、艮組、中組、巽組等町組。這些由町結成的町組內有著「月行事町」，依序有要負責的事務。町的擁屋階級等權貴，甚至要負擔照顧町組。再者，町組聯合之際也促成了上京、下京的結合。天文十九年（一五五〇）閏五月二十四日，名為田布施與一家久的武將寄信給「上京月行事」，傳達有關其部下在洛中遊蕩一事，雖然很久以前他就強烈警告此事，但因為有種種傳聞，所以若部下無故強盜、不守法紀，則請上京月行事不需通報、直接處置。此處提及的「上京月行事」，大抵意指負擔上京事務的町組，同樣由各町組依序輪替。如此一來，上京中、下京中的自治組織便成立了。尤其，此時的上京月行事為事務機構，由上京、下京各十名的總代為代表。天文八年（一五三九）二月，共計二十人的總代連署就執行徵收酒屋土倉雜稅之事與幕府交涉。此一事實明確展現出總代的性格。想當然爾，總代並非由民主方式選出，土倉眾因其經濟實力，漸次坐擁特權、得以出任。直到新的專制統治者——織田信長入京[9]之前，京都都維持這般模樣。

在町組的形成方面，自然是由商業及手工業者的町眾扮演主角，特別是透過座的特權及保護而擁有財產者，但其形成脈絡與成為總代的土倉眾略有許不同。要一一解析有些困難，但出乎意料地，總代似乎不是由小市民向上晉升。他們中有許多人是過去的武士，在南北朝後的內亂時期移居京都或入贅，因而逐漸變成町眾。這些人如何變成町眾呢？是以收買座頭職的形式，藉由把持座的組織，由上而下控制京都的商業發展。當時總代眾的形成應該對之後町的發展具有一定影響。由此可見，在爆發法華一揆的天文初年，堪稱京都之町的轉捩點。

第十章　京都的町之中：鉾之辻

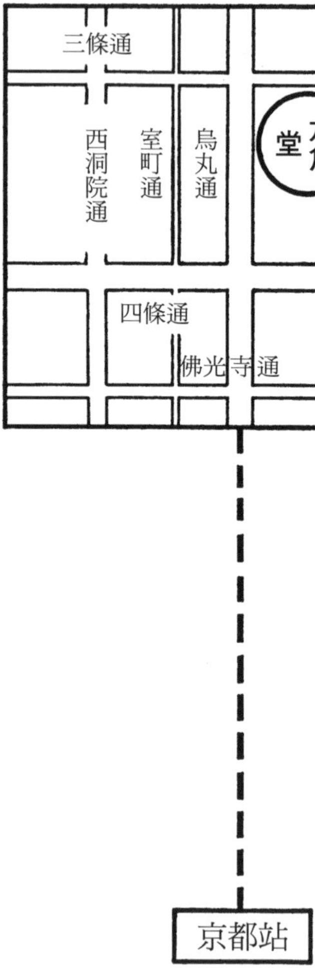

前頁：凸顯京之町眾精神的山鉾巡行

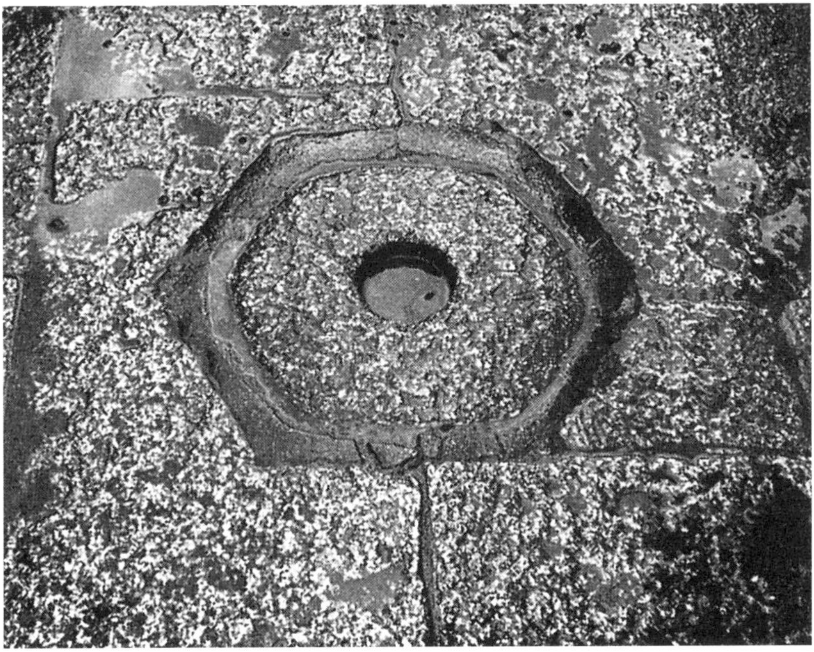

暱稱為「六角先生」的六角堂象徵，其周遭因緣日市集而熱鬧非常。

京都的肚臍

在京都中京六角通烏丸東側的六角堂裡，有顆稱作臍石的石頭。該寺供奉著一寸八分（約五至六公分）的如意輪觀音，原為聖德太子持有的佛像，後來成為西國三十三所巡禮的靈場，被中京人暱稱為「六角先生」，每當節日廟會，就因參拜人潮而熱鬧非凡。往昔，這一帶是山背國折田鄉，有著名為「土車之里」的森林，據傳聖德太子為了取得難波四天王寺的木材來到此地，從而發現了神木，於是在此創立六角堂。然而營建平安京時，該堂碰巧位處道路中央，正當朝廷命令要將六角堂遷往他處時，一夜之間，建築往北方移動了五丈

（約十五公尺），道路因而順利開通，本堂中心的基石因此被留在門前。該石的形狀因與肚臍相似而喚作臍石，據稱該石所在之處才是京都的中心。現今臍石已被移到東門內，鑲嵌在石板路上，前來參拜的善男信女樂於品嚐以臍石命名的「臍石餅」。只不過，這則傳說逐漸被遺忘，即使是京都人也鮮為人知。

傳說中將基石比喻為肚臍是非常容易理解的事。甚至，六角形的石頭中央，有著肚臍之名一般的凹洞。然而要把它當作京的肚臍，則需回顧京都市區的歷史。京都市區的歷史，確實存在著將六角堂視為京都中心的時間點，而那正是天文元年（一五三二）九月，法華一揆發動的時刻。在一向一揆迫近京都之際，町人因畏懼其來勢洶洶，而於每日敲響集會鐘聲。上京是革堂之鐘，下京是六角堂之鐘，日夜不絕的鐘聲如針刺般雙耳，足以稱作末世之姿。當時，這群町眾化為法華一揆之眾出陣，終至被說成是「天下錯亂」。如此看來，六角堂等同於上京的革堂，是以新興商業都市之姿成長的下京中心。下京群眾以六角堂為中心，以鐘聲為訊號、聚眾之事也切實鮮明地浮上檯面。

如此六角堂，不單單只與町眾集結起義有關，更與日常生活淵源極深。即使在豐臣秀吉的都市政策下，六角堂也未遷出目前的所在地。我們不可忘記，此處除六角堂之外，也是「立花」[1]的宗家所在。過去的六角堂一帶，是名為土車之里的森林，據說有座太子前來此處，以清水沐浴的池塘。先遑論太子的事情，這一帶池塘之多，我想是可信的，據說池畔即建有堂僧

目前普遍認為同仁齋為後世四疊半茶室的起源，而其名稱所蘊含的「一視同仁」之理，也相通於茶道之心的內涵。

的住房「池坊」[2]。

花道原先始於以花供佛，發展到王朝時代後，相較於獻佛，更常用於取悅人們。從鎌倉時代起，立花開始在七夕會等節慶祭典展出，室町時代則達到流行的巔峰。而且不僅流行於宮廷、幕府等周邊，隨後演變成各町聚會的主題之一。說起町中的聚會，為狂言提供了恰當的素材。此外還有連歌的新手研習會如（蜘盜人）、競茶（止動方角）、盆山（盆山）及立花（真奪）等，甚至還有過關於祇園會山鉾的討論。當立花在町內流行之時，曾出現被奉為花道中興之祖、名為池坊專慶的人物。

茶與花

室町時代的京都，自然是由稱作花之御所的室町幕府統治。在花開絢麗的足利義滿時代，相對於諸國強大的守護勢力，幕府統制力量薄弱，因而內亂不斷。在財政方面，幕府難以預期從御料所（直轄領地）等土地獲得收入，結果只能從洛中邊緣的酒屋、土倉等高利貸業者徵收稅役，而作為酒屋、土倉稅役來源保障的，便是以他們為主體的日明貿易[3]。因此對室町幕府而言，日明貿易是攸關生死的事業。透過這條貿易線，被稱為「唐物」的商品陸續從中國渡海而來，除了理所當然的繪畫之外，還有漆器、青銅器、茶碗（瓷器）、陶器、茶罐、抹茶罐以及文房器具。雖說唐物本身是珍奇的舶來品，但是唐物崇拜的氛圍，則是受到財政上依存貿易的強烈影響。因此，縱使幕府權力早已衰頹，以將軍足利義政的銀閣寺為核心的東山文化仍大放異彩。

一言以敝之，東山文化是阿彌的藝術。原因在於，就連原本應作為社交場合蓬勃的茶會，在唐物橫溢的場合變為專門欣賞茶器的活動，被稱為「茶數寄」。除了茶會，在賞花會上也引發了相較於鮮花，更重視花瓶的風潮。在北山殿舉辦的「五十人名瓶賞花會」，是以著名花瓶為主的賞花會。伴隨著這樣的潮流，唐物、器物的鑑識專家受到尊重，再來是創造出經手這些器物的特別技術，而器物搭配的功夫，更為這樣的新興興趣錦上添花。最終，茶與花的藝術性質存於舉辦場地與所用器物的協調與工夫上。如此一來，鑑識和經手唐物與器物的專家逐漸演變成茶、花本身的專家，也就不言而喻。這些專家不是別人，正是隨侍在將軍、大名之側的同朋眾，這是以能阿彌、藝阿彌、相阿彌等為代表，名為「阿彌」的一群人。他們或因身分卑賤，或在內亂過程中沒落，所以若不出家離俗，就無法接近擁權者。他們之中有許多時宗的信徒，因時宗是出家最容易的宗教。在將軍足利義政時，參與相國寺、東山山莊等景觀設計的河原者善阿彌，也是上述阿彌的其中一人。足利義政在山莊設置銀閣、建造東求堂，就如同東求堂起居室被附加同仁齋之名，由此可知，阿彌是在一視同仁的環境中完成他們的重要工作。

阿彌藝術落入器物本位主義之際，在平民氛圍下長大，對貴族般的興趣有深厚研究，被奉為茶道鼻祖的村田珠光及替花道開路的池坊專慶，自阿彌手中解放了茶與花。珠光的茶屋位於六條堀川，掛有義政親筆書寫的「珠光庵」匾額。後來，此茶流派在大永年間（一五二一至二八），傳人宗珠的年代普及到京都下京的庶民階級。宗珠的茶屋被譽為「山居之體尤有感，誠可謂市中隱，是當時數寄當本。」自此，茶從阿彌的藝術轉變為町眾感興趣的事物。

在茶道史上繼承村田珠光流派的武野紹鷗，他從堺上京拜入珠光門下，其住所位於四條室町北側的夷堂旁，是同樣具有市中隱居風情之處。該庵名為大黑庵（現今的金剛能樂堂位於其遺址上），雖然有著毗鄰夷堂的風流，從中卻可窺見町眾對福神的憧憬，這點甚為有趣。紹鷗之後的茶室，較之珠光又更貼近平民世界，其將茶室空間裡，貼上鳥子紙[4]的牆改為土壁，木

「忽見大文字之火，宛如一瞬閃爍，映照於汝瞳之中。」（吉井勇）

格柵替換成竹格柵，而且臺子不用裝飾，使其轉變成與町眾之茶相稱的飲茶空間。利休雖然生於堺，但其祖父是義政的同朋眾千阿彌，是相當於相阿彌等的前輩等級。他在晚年侍奉的將軍足利義尚戰死後遷到堺去，而利休之父與兵衛，取千阿彌的千字為姓，可視為克服阿彌這般特殊地位的其中一例。

東山文化在歷史上留下眾多事物。特別是在日常生活範圍內，極其多樣豐富。除了無庸置疑的床之間（壁龕）、違棚、茶室等住宅建築結構，還有茶與花等傳統藝術的原型。這些都是因為有町眾傳承下去，才成為現今的傳統。

祇園會

應仁、文明之亂後的明應九年（一五〇〇），祇園會的山鉾又得以重見天日。亂事之前的祇園會，其興盛已達「鉾山之美麗，驚世人耳目」的程度，但隨著亂事發生而歷經二十九年的廢止，直到明應五年（一四九六）發起復辦計畫，終於在四年後實現。只不過當時仍流於形式，要再過一、兩年才完全恢復原貌。當時幕府對市民集結及有益於組織的一切都慎重警戒，除了茶會、連歌會，還有舞蹈、大燈呂之類活動皆盡可能禁止，因此祭典能復辦絕非易事。然而，可以說經此過程復辦的祭典，已不屬於朝廷、也不屬於幕府，而是屬於町眾的祭典。

天文二年（一五三三）六月，京中仍被法華一揆控制，但幕府以山門嗷訴為由，突然中止祇園祭神儀式。各町的月行事、觸口、雜色等一同聚眾參拜祇園社，並要求「神事無之共，期山鉾渡」。這樣簡單至極的一句話，就表露出町眾對祭典的純粹想法，明確地將祭神儀式劃分為神社的活動，而山鉾渡御則是各町的活動。在四條通兩側開店的町眾，以依店鋪決定出資費用聚合的「祇園會地口錢」，讓山鉾渡御得以延續。永祿九年（一五六六）的地口錢，四條坊門是八十文。當時的一百文可買米一斗二升，因此負擔並不輕。即使繳交這筆鉅款也要捍衛祭典，是因為町眾打從心底享受祭典。

町眾依各自所在的町，每年推出的「作山」都是與各方討論設計、費盡巧思而出。町中設有輪替的負責人——頭役，以其為主再加上月行事，共同開會決定。狂言作品《鬮罪人》巧妙地將這開會情景融入劇中。會議中，各種意見時而冒出。此事說明了現已固定不變的山鉾設計，在當時，則是年年有創意與變化，相當生氣蓬勃。今天的後祭已不需鬮（抽籤），而站在山鉾前方的橋弁慶山，在《鬮罪人》裡，則相當於早被固定且為人所知的「每年必出之山鉾」。從中可見其受歡迎的程度。

前祭不需抽籤的是排第一的長刀鉾，而受命殿後的則是船鉾。長刀鉾最為強力地保留消災解厄這等咒術意涵。如此說來，祇園御靈會的主軸即是「鉾」。作山則起源於長德四年（九九八），京中一名雜技法師無骨模仿大嘗會的標山。換言之，作山是祇園會的餘興。雖說是餘興，也是為了祈求各町平穩，因而豎立了代表神靈附身之座的松樹。傳承至今的山鉾，除了信仰的內容外，大都形塑自傳說，不過主題由謠曲得到靈感這點則再清楚不過。此案例將町眾多麼喜愛「能劇」且熟記謠曲，也就是町眾教養的一面表露無遺。

山鉾的巡行路線原先是巡迴氏子區域，明治時代改為新曆後，七月十七日的前祭改為從鉾町出發，經四條通直到寺町，再往南到松原，然後經松原往西，並在新町轉北，最後山鉾各自回到其鉾町。二十四日的後祭則是經三條通前往寺町，然後轉南前往四條寺町，再經四條通往西，並在新町轉北、回到鉾町。山鉾行進間，在各町撒「粽」[5]的同時，祈求為市民消災解厄。昭和三十三年（一九五八），前祭的路線改為從四條寺町轉北，並行經御池通。正在此時，出現了「信仰還是觀光？」的爭論，這是日後京都市觀光政策愈加被強調的轉捩點。如果這樣的更動是基於各町居民的意志，也就莫可奈何，這就是時代的潮流。

京都的中心，隨著京都的發展而不斷轉移。在六角堂被視為京的肚臍之前，也有人們曾將大內裏視為京之中心的時期。但從桃山到江戶時代，一般是將四條室町當作市中心，而站在這個十字路口，東為函谷、西為月、南為雞、北為菊水，是京都內唯一可在一町之內同時看遍四座山鉾的所在，完全就如其自古以來的暱稱「鉾之路口」。從該路口稍往北行，是從前的夷堂、大黑庵等遺址，以及金剛能樂堂，恰能反映出該地居民所擁有的文化素養。

山鉾巡行的前一晚——宵山之夜，雖然今已所剩無幾，但仍可在鉾町裡見到在店門前裝飾屏風、鋪上籐蓆等，一家人輕鬆閒適、休憩的景象。如吉井勇的短歌所寫：「宗達之屏風，鉾町巡遊京之宵山」般無比愉悅的風情。鉾町巡遊時，不可忘了「占出山」[6]。在此，町內的孩子反覆唱誦著推銷詞：

安產護身符即將推出。
平常沒有，只限今晚。
有信仰之心的貴客，
求得後再回家。

奉獻一根蠟燭。

在大路上水洩不通的人潮裡，將駒形（五角形）燈籠點著火後，山鉾之姿清晰浮現，從中傳出的祇園囃子音樂年復一年，比起中元、正月，新年的夜晚更讓人印象深刻。

京都的七月，一整個月可說都在祇園祭中渡過，此時正值盛夏。進入八月，六道巡拜的喧囂過後，則是大文字、地藏盆。大文字燈火自然是盂蘭盆會的送火[7]，據說始於將軍足利義政之時，也可能是三藐院近衛信尹之筆，雖然無法釐清其緣起，但有人認為是由當時町眾、近郊村莊的農民親手開創並傳承至今。與「大」文字相同，松崎也會舉行點亮「妙法」的送火。松崎有著被視為天台三千坊之一的歡喜寺，是在日蓮弟子日像的傳教下改為法華宗，號妙泉寺。更有描繪出歷代日生上人將法涌寺作為法華最初的檀林來營運。而此歷史是以果敢的町眾，即法華一揆為背景（妙泉、法涌兩寺，現已合併為涌泉寺）。甚至我們必須承認，船型的送火不單單是亡魂船，更表現了當時町眾們強烈朝海外發展的願望，以及在嚴格鎖國的期間持續點燃焚火的精神。祇園會也是如此，無論大文字、妙法還是船，都是應仁之亂後町眾彼此團結的標記。倘若祇園會是夏季烈日下舉行的動態民眾示威，大文字則是點綴初秋夜晚的靜態示威。假使祇園會象徵下京的力量，大文字可謂代表上京。京內各町在八月二十三、四日的地藏盆別具特色，全然是屬於孩子們的盆會，但身為町眾的團結感，就是如此從小培養起來。換言之，將其稱之為實行於京都各町的樸素社會教育也不為過。當我們看到擺設在町入口處的大行燈、各家吊掛門前的小行燈，從其上所繪的各式文字、圖案等，可得知孩子們縈繞在這些回憶下長大。

繞行這些町後，再度回到鉾之路口便會發現，四條室町不僅是祭典時的中心，實際上也是京都的中心。此事可從應仁、文明之亂以來，負責京都警備的四座雜色以四條室町的十字路口將京都分為四方而得知。根據《雜色要錄》，在室町時代初始時，興起於鎌倉時代的雜色家為荻野、五十嵐兩家，到了將軍足利義教時則因為增加松尾、松村兩家而成為四座。五十嵐掌管乾方，町數五十二町、村數六十四村；松村氏掌管坤方，町數三十五町、村數九十五村；松尾氏為巽方，町數八十五町、村數一百六十八村；荻野氏為艮方，町數三十九町、村數四十六村。他們負責傳達轄內的政府命令、宗門的查驗、向上級機關傳遞宅第訴訟等，並執行法庭列席、檢使追捕等任務。在天皇即位、將軍上京等重要時刻，他們更隨侍在旁，擔任皇族、攝政家的警衛及祇園會的警備人員。雜色的職務內容相當繁雜，他們的薪水來自京都地租，豐臣時代後則被賜予西院村的知行地（領地）；此外他們也領取來自祇園會地口錢的薪資。這表示他們是既屬於幕府，也屬於町的存在。京都警察權的分掌如同前述，以四條室町為中心進行劃分，這點最為清楚地表示出，該地在中世及近世時期皆為京都的中心。

第十一章　吹入京都的新風潮：伏見

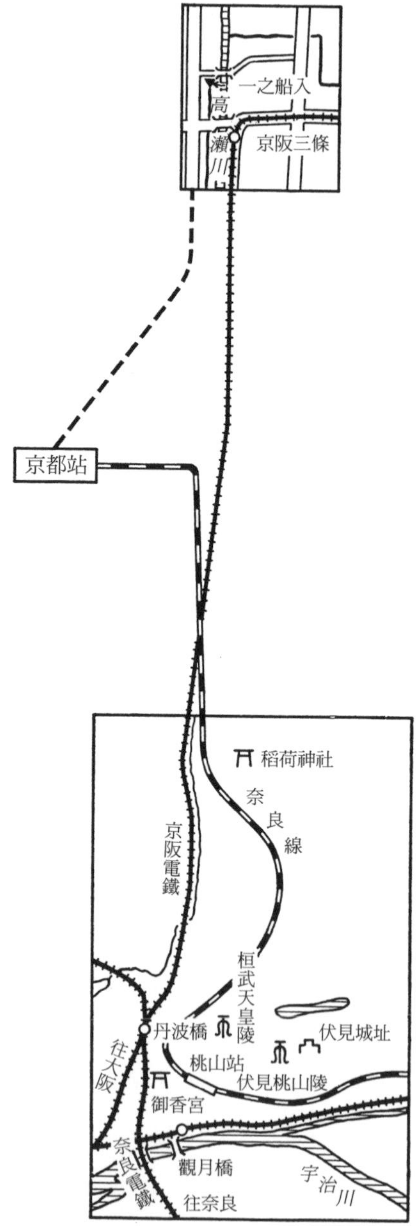
一之船入
高瀨川
京阪三條
京都站
稻荷神社
奈良線
京阪電鐵
桓武天皇陵
伏見城址
丹波橋
往大阪
桃山站
伏見桃山陵
御香宮
奈良電鐵
觀月橋
往奈良
宇治川

前頁：伏見河灘上的酒藏

津和野是一個以白鷺舞而聞名的傳統小鎮，也是西周和森鷗外的故鄉。

小京都

日本各地有不少被稱作小京都的地方。周防的山口為箇中代表，而鄰近山口的石見津和野、東邊的飛驒高山、南邊的土佐中村等地也分外出名。這些稱為小京都之處，是哪一點具有京都特色呢？最直截了當的想法應是「山紫水明」。有堪比「比叡山」的山、堪稱「賀茂川」的河，就能將京都名勝移至該地。石見津和野有丸山公園、鳴瀑布，稻成神社則向京都稻荷山的景觀致敬，打造朱紅色鳥居綿延的隧道，彌榮神社甚至傳承了早期祇園會的鷺舞。然而，按照當時的現實需求，這是對京都王城風格的學習，希望以此創造領國統治的權威。

小京都的代表山口，伴隨山川的景觀，也將祇園移植該地。山口的八坂神社是南北朝時代的應安二年（一三六九），大內弘世從京都分靈恭請回來。雖然經過搬遷，落成於永正十七年（一五二〇）義興時代的社殿遷到目前的所在地，成為重要的文化財產。源自京都的白鷺遍路，極可能源自此時。我想關於這點，接下來有必要進一步說明。在京都祇園會的山鉾渡御中，曾經有過笠鷺鉾。笠鷺鉾也曾出現在完成於南北朝的書冊《尺素往來》中，只是在江戶時代初期失傳，未流傳下來。我們僅能從繪畫裡稍微窺探其樣貌，畫中繪有太鼓橋，橋上是撐傘的白鷺，豎立於風流傘（裝飾精細的花傘）下，兩隻白鷺正在跳舞。周邊則是頭戴烏帽子[1]、身穿袴[2]的男子，以鼓笛、鉦、羯鼓等奏樂，由此可推測，兩隻白鷺是跟隨樂音，邊跳舞邊緩步前行。正當我們以為，除了單憑想像，已別無他法還原白鷺舞的詞章或舞步時才發現，其實在石州津和野的彌榮神社，仍有自古以來的鷺舞傳承下來。彌榮神社的白鷺舞，最初來自山口的八坂神社，天文十一年（一五四二）六月，再從山口傳到津和野。雖然這是當時領主吉見正賴的安排，應該可理解為從大領國統治的中心山口，移往石見一國統治的中心津和野，意即是從小京都衍生出「孫京都」的一種現象。傳至津和野的鷺舞，自天正末年開始衰退，在坂崎出羽守入城之際暫時中斷，後於龜井氏入城時，致力於復辦各種儀式，直到三代的龜井茲政時，更於寬永二十年（一六四三），直接派人前往京都接受祇園會鷺舞的指導，並在隔年正保元年的祇園會加以利用，傳承直到今日。每年七月二十日，在彌榮神社的神輿渡御（聖駕出巡）與二十七日的還御（回鑾）時會舉行獻舞，並於町內要衝表演舞蹈。

降落橋上的鳥為何鳥
是鷺，是鷺
啊，鷺
鷺渡橋
鷺渡橋
被陣雨淋到濕透了，濕透了

無論在京都或山口，鷺舞都不復存在，唯有津和野，不僅舞姿，連歌謠都傳承至今。這是由津和野的蠟座以下，由町內十二家商業和手工業的人組成的「座」所創立的，每年從中選擇「當屋」（負責人），負責執行祭典的所有事項。渡御當天，白鷺從當屋家出發，加入出巡行列後，再回到當屋，等待還御當天到來，結束後舞入隔年當屋的家。白鷺依此作法，巡迴十二處當屋。這些在津和野經商、與彌榮神社結為「座」的人們，都是屬於其生意受領主保護的特權商人。祭典當天提供串鯖並奉獻鷺舞，讓他們的活動師出有名。不過，原本應該由這些座眾擔綱演出，但他們卻只負責費用、照應，獻舞則委由特定區域的居民進行。追溯鷺舞超過三百年的漫長歷史，白鷺之舞的舞步先是被傳到山口，以山口的鷺舞復活，更從昭和三十年（一九五五）起，在京都祇園會恭迎御輿當天，搬演起來自津和野的鷺舞。

京都及其風俗，便如此地被地方領國的城下町吸收。譬如《洛中洛外圖》的屏風畫題，原三條家所藏的版本是以左右扇對比禁裡（御所）與公方（幕府），而原舟木家所藏的版本則是以二條城對照大佛殿，描繪出京裡、京外的町眾生活。從畫中可以得知，在製作這些屏風的時代，京都是核心般的存在。而且這類畫題，是被置於領國統治者的背景下，特別受歡迎。當時的京都文化伴隨著連歌師、物語僧等的腳步，擴及全國，另一方面，其他地方的文化相關產物也接連傳入京都。如被納入歌舞伎舞的詞章般，「飛驒舞蹈」、「因幡舞蹈」等在京都市內流行起來，但京都與地方的交流又非僅限於此。

豐臣秀吉在織田信長之後一統天下之際，先是在背負漫長歷史的京都營建以聚樂第之名著稱的城池，接著又打造了伏見城。這番作為迥異於過去院政時代，將今野熊、今日及以及今伊勢的信仰對象拉近京都，帶有迫使京都變質的意涵。然而，當京都因為新的統治者而轉變為城下町之際，其古老規矩又該如何被承接下去？結果，一統天下的大城下町被架構於江戶，京都則妥協於合併為伏見的城下町。

當古老的京都以小京都之姿蔓延各地之際，新的城下町也入侵京都。在中世到近世的社會

聚樂第的奢華痕跡盡現於飛雲閣與二條城之中，充分展現桃山建築的精妙巧思。

變遷下，京都將無可倖免。

桃山之夢

建設伏見城之前，豐臣秀吉針對京都強行推動了三大政策。在某種層面上，意味著要將京都改造為封建城市，嘗試將京都變為城下町。

京都早已嚐過專制統治者帶來的苦澀經驗。永祿十一年（一五六八）九月，織田信長入京之際，京都人感受到其統治風格，與此前代替將軍的管領細川、其家臣三好長慶、其下的家臣三好三人眾、松永久秀等人截然不同。所有人都感受到新時代的來臨，但心情上卻是期待與恐懼交錯。在聽聞信長入京的當時紀錄中可見「京中騷動」，便是這種心情的體現。接著在永祿十三年三月，信長再度入京時，上下地下人[3]被強制要求每町要有五人到吉田附近迎接。不久後的元龜四年（一五七三），信長以警備市區、保障安全為由，向上下兩京要求名為矢錢的代價。拒絕繳交的上京旋即遭到火攻討伐。上京多為公家、武家館邸，傳統氣息濃厚。相對於此，下京則是商業、手工業者的居所，縈繞著新興氣象，經濟狀況足以負擔矢錢。面對這種專制掌權者，町眾幾乎無力招架。然而，明智光秀卻在本能寺打敗了這樣的信長，還免除了京都的町地子[4]。為感謝短暫掌權的光秀，為了替他祈福而在各町供奉地藏的風俗中，町眾僅有過些許抗拒。而豐臣秀吉與信長也形成對比，他不只傾力重建京都，更關切町眾的經濟狀況，不若信長採用壓制的手段。秀吉與後藤、角倉、茶屋等富商合作，並將其納為政權支柱，令人印象深刻。不過，將京都改造為封建都市仍是他的主要政策。

政策之一是在天正十八年（一五九〇），根據平安京的規模整理町的劃分，寺町、高倉之間，堀川以西、押小路以南的地區，每隔半町都設置南北向的道路，強制推行細長狀的新劃分方式。我認為思考這椿土地重劃的另一面向相當重要。意即高倉、堀川之間的下京古町風貌，並未因而改變。這一帶正是以四條室町為中心，進行祇園會的鉾町地點。鉾町的緊密聯繫關係，讓秀吉的政策不得不接受這樣的例外。

政策之二，是將散布市內的寺院集中到東邊的京極及大宮通西側附近，前者稱為寺町，後

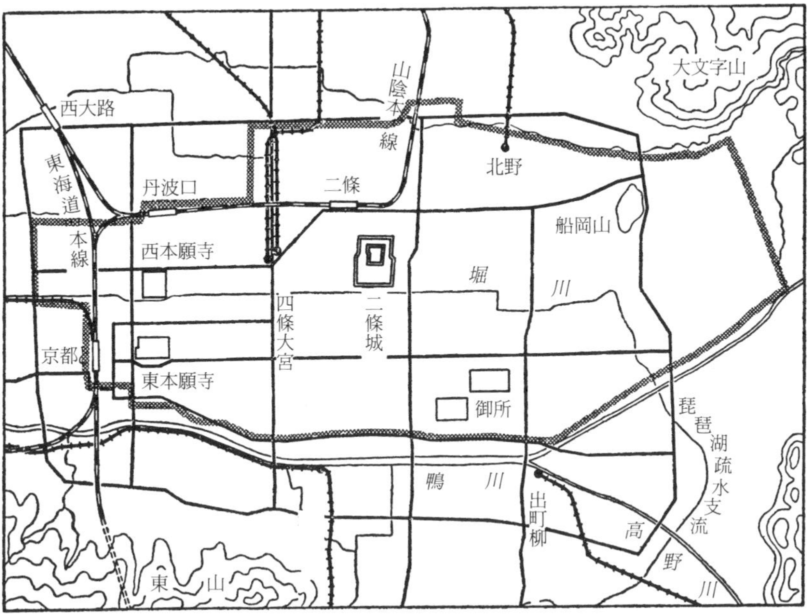

御土居復原圖：從近代的城市規劃來看，御土居也是應該排除的障礙，因此保護歷史遺跡正是當務之急。（引自西田直二郎博士《京都史跡研究》）

者則是寺之內。今日許多寺院或衰退、遷往他處，或移往內側，連寺町也變成商店街，而進入了本山寺院範圍內，鋼筋大樓會館矗立的時代。然而，過去以京極作為寺町的權力，因肩負中世的宗教權威而巨大無比。特別是法華宗本山被視為主要對象，是因為考量了法華一揆的歷史。若說這些寺院被用作防衛京都的壘牆，也沒有言過其實。

政策之三是，隔年的天正十九年（一五九一），在四周築起總長五里二十六町（約二十三公里）的御土居（壘牆），對外交通被限制在俗稱京七口的粟田口、鞍馬口、丹波口等七處通道。平安京雖有羅城門，到最後卻都未能完成羅城（城郭），如今則在豐臣秀吉手中實現。御土居完全是為了劃定新京都的範圍而設，東為賀茂川、北是鷹峰，西為紙屋川、南是九條。現今在北野神社西方，仍留下清晰可見的御土居遺跡，紙屋川畔則可見其斷面（其他在河原町廣小路附近、鷹峰也存在相同遺跡）。端詳被御土居圍繞的京都，我想重新思索，當時京都內的中心位於何處。顯然站在秀吉的立場而言，他的計畫是以新建的聚樂第為中心。但是由於豐臣秀次之事，聚樂第很快被摧毀，僅存一小部分成為西本願寺的飛雲閣，御土居則徒留殘骸，遭風吹日曬雨淋。

在伏見，豐臣秀吉重燃將此地改造成封建都市的熱情。伏見是京都的替代品，是橫亙於秀吉眼前，如犧牲品般的存在。但伏見卻因為秀吉，首度在歷史舞臺上粉墨登場。

歌舞伎舞的伴舞歌曲唱道：「行走於木幡山路上，伏見月下，以草為枕」。自古以來，伏見即是眾所皆知的名城，但卻非地處交通中樞。例如：前往陸路西國的道路是沿著鴨川、桂川與山崎相接；而前往大和的道路，一般是從深草穿越山口；水路則是從淀川溯流而上，在鳥羽卸貨，因而還是遠離伏見。所以即使中世時，伏見設有貴族別業，還是沒有進一步的發展。即使好不容易建有成排的町家，卻在應仁的兵火後任其荒廢。文祿三年（一五九四）正月，在秀吉計畫建城之前，伏見幾乎從未受重視過。

即使如此，豐臣秀吉的經營目標卻是徹底改造土地，並在其上興建城池，將丘陵、沼澤等巧妙納入防禦體制，並在宇治川建設堤防，確保在陸路及水路上的交通要衝地位。一統天下的

西本願寺之唐門，傾訴著桃山之夢的多采多姿。

秀吉實力，可說在伏見發揮至極。因此，伏見便在短時間內，轉變為壯大的城下町與優秀的港濱城市，不僅諸大名的宅邸連綴，而且商人聚集於此。縱使到了今天，伏見仍留有許多取自家臣之名的町，如毛利長門、長岡越中、筒井伊賀、羽柴長吉等，另一方面，也能看見城下町氣息的商業、手工業町名。然而，伏見的生命僅維持三年，與秀吉同樣短暫，如同秀吉留下的辭世之句：「難波生活如夢中之夢」。在秀吉死後，伏見受德川家康統治，遇上地震、遭逢戰禍，壞運連連之際，在元和九年（一六二三）拆除，伏見生活便如夢中之夢般逝去。不知不覺中，這座城山卻變成桃林，而被稱為「桃山」。桃山這宛如美麗春夢的名稱，是秀吉不曾聽聞的。再到後來，秀吉時代的文化產物開始被以「桃山文化」稱之，或許正是站在荒廢之城上，基於懷舊之情所致。但我想，以此名稱來表現其豪華的樣式很是相稱。

伏見城雖已消逝，桃山文化的壯麗風貌仍延續至今，因為伏見城的遺跡被直接分散到淵源極深的京都社寺內，宛如將百寶箱分撒在因戰亂而荒廢、喪失王朝珠玉的京都各町。想當然爾，桃山文化的基調是黃金，受到開發甲斐、佐渡、石見等金銀礦山影響，並以京都、堺、博多富商們的活躍為背景，展現豐臣秀吉政權偉大的經濟實力。因此，桃山遺產的產生，不單單源自於掌權者秀吉的力量，一如眾所皆知的事實，上流町眾的富商也發揮了極大力量。或許因為如此，其華麗姿態在町內留下十分協調的樣貌。秀吉死後，隨即因為豐國廟的建造，遷建伏見城的唐門（現為西本願寺唐門）。以此為始，伏見故地的御香宮留有大門，殿舍更從廢城後，接連遷建至二條城、西本願寺等。如今還能在這些地方，盡情品嚐桃山之夢的陳跡。伏見城的大書院、能劇舞臺，一併被遷往西本願寺，現今仍可在這些舞臺欣賞能劇的表演。

高瀨川

德川家康掌控政權後，在江戶開設幕府，同時摧毀伏見城，京都不再擁有往昔的政治地

連接京都和伏見的高瀨川；所謂「一之船入」是船舶出發的碼頭，而角倉宅第則變成了織殿。

位；然而伏見累積的交通與商業地位，並未因此消逝。作為新興釀酒之鄉，酒藏（酒莊）密集，在產業方面也是備受矚目的存在。如此看來，受政治疏遠的京都，今後的繁榮還有賴伏見大力協助。為此，將公認作為港濱城市的伏見連接京都，並藉由一條船運的動脈接續大坂與京都的構想應運而生。我想這應該就是當時機敏町眾的共同智慧；同樣地，明治維新時遷都東京，而京都人也團結一致，試圖在琵琶湖疏水計畫中尋求新的繁榮。

背負如此龐大計畫的人，正是角倉了以。角倉氏為近江佐佐木氏一族，本姓吉田，祖輩德春前往京都，以其醫術侍奉足利義滿與足利義持，其後退隱嵯峨，第二代的宗臨則經營土倉，自號角倉。嵯峨角倉是在永正、天文年間，第三代宗忠時才發揮其商業實力。宗忠膝下有二子，長子光治早死，故由次子宗桂繼承。宗桂因原始家業——醫術而聞名，甚至天文八年（一五三九）、十六年（一五四七），曾兩度跟隨天龍寺的策彥周良前往大明，是聲明遠播異域的名醫。角倉了以是宗桂的長子，他將醫術家業讓予二弟宗恂，自己專注於經營土倉。當時嵯峨的土倉由同族中的四、五人連鎖式經營，而了以在迎娶叔父光治的嫡子榮可之女後，位居一族核心，並以土倉的高利貸資本為後盾，甚至前往安南國[5]貿易。後於文祿元年（一五九二）秀吉之下，在京都與茶屋四郎次郎、伏見屋的兩家一同獲得御朱印船[6]的資格。至今，伏見屋的真實樣貌仍然不明，推測應是出入伏見港濱城市之京都的權貴町人。

慶長九年（一六〇四），角倉家更於土木工程與經營方面展現手腕。此時豐臣時代已然結束，江戶幕府則於前一年成立。依此情勢來看，土木工程與新時代的鄉土繁榮便非無關了。角倉了以久居嵯峨，所以即使米穀或木材等山城倚賴丹波供給的物資相當豐富，他對於丹波與山城之間交通不便的痛感體會深刻。因此他計畫開鑿大堰川，以水路取代艱險的山路。隔年，了以的長子與一前往江戶，在獲得幕府允許後，於十一年（一六〇六）三月動工，僅費時半年，便在八月竣工，此後得以艇船通行，自丹波國船井郡世木村，經八木、保津抵達嵯峨。想必他們對於徵收通航、倉庫等費用的權利並非毫無興趣，但利益卻非單一原因，而是一心期盼這個攸關京都經濟發展的工程。大堰川的成功甚至讓幕府在慶長十二年（一六〇七），接連下令富士川的疏通、天龍川的開鑿等。

隔年，慶長十四年正月，恰逢京都方廣寺大佛殿重建，角倉了以為便於運送巨大的木材，計畫疏通賀茂川，開通水路。大佛殿在慶長十五年六月，與地鎮[7]一同舉行釿始（開工儀式），翌年秋天幾乎完工時，水路已開通至三條橋下。同年十一月，與一前往駿府（靜岡）時《駿府記》中記載：「角倉與一自京都請託，大佛殿即將完成，要送瓦上京云云。淀、鳥羽之船直達三條橋下，為與一之父了以，截河疏流為之。」正如其言，疏通河道是為了運送大佛殿的建材，將京之三條連結淀、鳥羽，並通達大坂（大阪之古稱），讓工程有了意義。不過，了以似乎無法滿足於賀茂川的疏通。原因在於，賀茂川是水流變化多端、易於氾濫之河，無法期待這個因重建大佛殿而生的臨時設施能永久留存。

因此，慶長十六年（一六一一），角倉了以再度向幕府請求，並得到開鑿與賀茂川並行的高瀨川許可，並且從二條引入賀茂川的流水，直達伏見。他先以二條樵木町（現在的木屋町）為起點，在東九條村（現已納入市區）的西南邊創造與賀茂川合流的河道，再從賀茂、高瀨兩川匯流處橫切過賀茂川，穿過竹田村，在伏見打造流入淀川的河道。因此，高瀨川被分成兩段水路，兩者完工後，從大坂駛來的船隻可以不繞路鳥羽，從伏見直達京都市中心。因為運河幾乎全段平坦，船運變得極為便利。高瀨川所有水域的土地均以自費收購，並上繳扣除河床兩岸腹地的年貢銀。總工程費高達七萬五千兩，皆自行負擔。運河完成後，每年九月至隔年四月中，是京坂之間運輸最頻繁的時期，總船數一百五十九艘（其中一艘船壞了之後，未再得到許可）來回航行，每艘船每趟收取二貫五百文的船資，其中一貫文上繳幕府，二百五十文支付船的加工費，一貫二百五十文為所得。一整年加上折返的八個月，收入相當可觀。然而，這不只有角倉氏獲利，隨著高瀨川開通，京都市中心出現了內濱、米濱、菊濱、富濱等船舶碼頭，運河也帶給這些地方鉅額利益。木屋町正如其名，林立著木材、薪炭、米等盤商，在京都掀起出乎意料的新氣象。

如今，興盛一時的船運已然告終。高瀨川似流非流，我則喜歡沿著如此的高瀨川，行走於柳樹嫩芽美好的木屋町。明治時期，二條的角倉宅邸變為織殿，今天仍留存與往昔同款的一之船入[8]，使人不禁緬懷起舊時的繁榮。三條則有角倉了以建立的慈舟山瑞泉寺，是為了弔祭文祿四年（一五九五），在三條河原被公開處刑的豐臣秀次及其妻妾幼兒等人的亡魂。寺內有秀次妻妾的各種辭世之詞，還有與嵯峨大悲閣同款的角倉了以木像。在見識了以的功績之際，還能窺見其人的慈祥，著實讓人心情相當愉快。

第十二章　寬永文化人的身影：島原

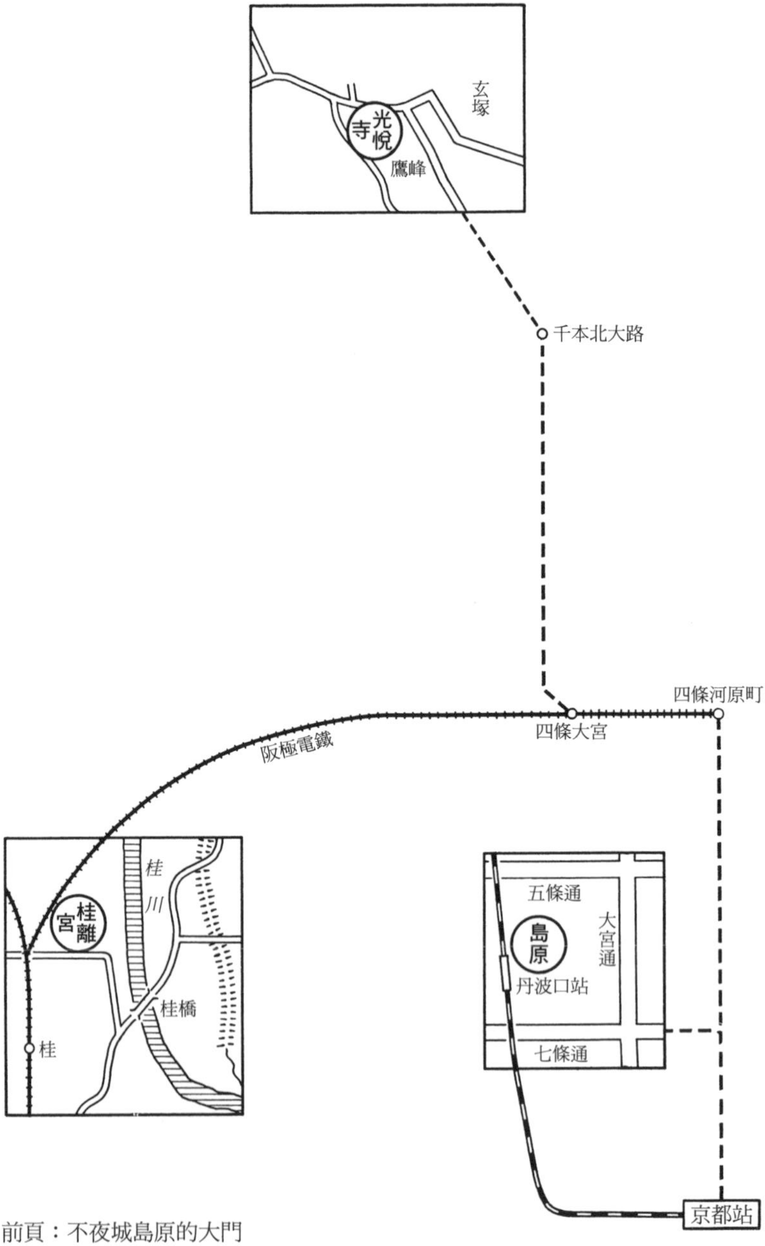
玄塚
光悅寺
鷹峰
千本北大路
四條河原町
四條大宮
阪極電鐵
桂離宮
桂川
桂橋
桂
五條通
島原
大宮通
丹波口站
七條通
京都站

前頁：不夜城島原的大門

在島原悠久的歷史中，輪違屋靜靜地保存著藝妓們的生活痕跡。

嵯峨本

角倉了以的長子角倉與一（素庵），協助並繼承了父親的安南貿易、開鑿諸河等事業，同時還對學問藝術抱持著異常的熱情。

天正十六年（一五八八），十八歲的素庵首次拜訪當時在相國寺的藤原惺窩，自此拜師惺窩，將心志深切貼近儒學。慶長九年（一六〇四），他與在京洛闡述論語集註的林羅山相識，並將其介紹給惺窩，因此素庵正是那位讓日本兩大儒者相交之人，羅山也始終將素庵奉為老師相待。之後於慶長十九年（一六一四）春天，任職幕府的羅山與負責金座（金幣造幣廠）的後藤庄三郎一同計畫在京都設學校，並由惺窩擔任祭酒（校長），當時所有設立相關事項的負責人還是素庵。素庵還為取得校地而四處奔走，雖然最終這個計畫未能實現。將京都打造成學府，是他的熱情使然，但他的熱情不單單只展現在儒學方面，對和書也有深厚涵養，不管和歌、書法皆屬上乘。況且，素庵的書法老師是本阿彌光悅，素庵則被譽為該流派的頂尖。當時，光悅與近衛信尹、松花堂昭乘被奉為寬永三筆；另有避開信尹，加入素庵，統稱為洛下三筆之說法。素庵與光悅的關係比所謂的師徒更加密切複雜。

嵯峨本的出版事業，誕生自以素庵為中心的交友關係。王朝之後的出版業歷史脈絡，被侷限在經典、緣起[1]等佛教框架中。但隨著中世結束，限制宛如決堤，出版朝各方面擴展，特別是在朝鮮戰役後木活字印刷術傳入，更加速了出版業的發展。在此我們應注意，當時的出版業有三大核心：其一，是在後陽成、後水尾兩天皇之下所出的「敕板」，如《日本書紀神代卷》、《職原抄》等；再來，是以德川幕府為主的伏見板、駿河板，如《吾妻鏡》、《貞觀政要》等；最後，則有稱作嵯峨本，以角倉素庵為中心的出版者。三個出版者各有千秋，其中敕板從公家，伏見板、駿河板則從武家的政治立場來選擇古典，而嵯峨本則挑選具廣泛學識、文化立場的古典，如最初刊行的《史記》，是慶長九年（一六〇四）出版的大開本。嵯峨本主要以和書為主，尤以搭配版畫這點受到矚目，例如加入插畫的《伊勢物語》，或印有雲母圖樣的《方丈記》、《觀世流謠本》等。這些嵯峨本應是本阿彌光悅親自下功夫，嘗試用紙、裱裝的設計，並由光悅、素庵攜手寫下製版的原稿。定本則由中院通勝等當時的一流學者提供，與觀世大夫黑雪等極其親近的關係，則有助於選定書目。嵯峨本的世界在這些人同心協力下被創造出來。我想嵯峨本應是町眾創造之最美的藝術品之一，在印刷術方面帶給後代深遠影響。

在此，雖然我藉由素庵提及光悅，但光悅才是京都歷史創造之最優異的文化人。

名為大虛庵光悅者，書法優秀廣為人知，但天生才能、嗜好及自發推行之事無人傳承，應當為人傳頌之事亦皆消失，未來世上將不再有如此之人。社會現況滿嘴要學聖人先賢之道，實則以處世為動機，光悅一生，不識處世之道。（《贍草》）

此為佐野（灰屋）紹益所言。他的「處世之道」，我想是意指肯定封建社會的現實，順應權力的生存之道。本阿彌光悅雖未積極否定、抵抗，卻可說是消極無視、逃避。無論前述的角倉素庵或此處的佐野紹益，還是茶屋四郎次郎等人，光悅的交友關係幾乎都是懂藝術的京都上流町眾。在如此環境中，光悅在嵯峨本的刊行已結束的元和元年（一六一五），帶領本阿彌一門眾，還有紙屋宗二、筆屋妙喜等人一同在鷹峰開闢藝術村。前往該村的不只是茶屋四郎次郎、尾形宗伯等人，還有朱印船貿易的有功者，或是以京染織著稱的雁金屋主人。近期研究發現，鷹峰實際上可被稱作「皆法華圈」，意即法華宗的世界。換言之，過去發動法華一揆的町

角屋往昔曾是遊樂散財之地，現在則是與寺社齊名，需購票才能入場的名勝。

眾，試圖在京都市區建立的法華理想世界，被縮小規模後，在此實現。而與鷹峰有所淵源者還包括畫家俵屋宗達，他與光悅是姻親關係。另外，尾形宗伯之母為光悅之姊，而他的兩個孫子，分別是尾形光琳、與尾形乾山。之後，繼承光悅、宗達的光琳，得到銀座方年寄的中村內藏助、三井家的支持，推動了元祿文化的興盛。

角屋

說到島原，就會提到角屋。角屋是揚屋[2]的代表，其他如輪違屋等則是置屋[3]中的老字號。暗藏如此歷史的島原，如今仍然大門聳立。在土牆、城濠包圍之下的島原，是近世町人階級的不夜城。

如此不夜城出現在寬永十七年（一六四〇），始於遊廓（風化區）被從六條柳町移往該地之際。更進一步溯其本源，可知其歷經三度遷徙：天正十七年（一五八九）二條柳町的遊廓在京極萬里小路落成，後於慶長七年（一六〇二），因興建二條城而移往六條室町，改稱六條柳町，更後來則遷往稱作朱雀野的島原地區。安政元年（一八五四），島原慘遭大火，大部分被燒毀，角屋建築則保存了舊時的樣貌。該建築曾在天明年間（一七八一至一七八九）因改建而大幅變動，即使不是全部，但也包含了部分當初寬永遷建時的構件。是京都遊廓中，歷史最為悠久者。

關於其古老沿革，最先讓我想起的是這座不夜城與二條城的對比。二條城是慶長七年，德川家康將聚樂第內的建築遷往該處所修建，其後更在寬永年間增建本丸[4]，將伏見城的天守遷建至此，以完整其外觀。二條城作為京都內的城池，全然是封建權力的象徵，為了建設該城，二條柳町不得不遷離故地，表露了二條城與島原天差地遠的社會地位。站在封建權力擁權者的立場，町人的不夜城得離城市越遠越好。聽聞島原之名時，我隨即想起寬永十四年（一六三七）爆發於筑紫邊界的島原之亂[5]。這場亂事聳動天下的程度，可窺見於京都內產生了相同的地名。地名的由來還有其他迥異傳說，如同攻下島原「吉利支丹」[6]城之不易。不難想像，即使擁有幕府權力，要撼動町人之城還是相當困難。可見，光從島原之名就可以想像，該地應是寬永時代，因鎖國而失去前往外國途徑的町人消磨志氣的管道。町裡曾流傳祇園會山鉾的心木，便是使用御朱印貿易船的主桅。而且以寬永期為分界，山鉾急速變得豪華，用於山鉾前、後側等的高布林織、唐織掛毯，用於側面的波斯織毯等，在在讓人感到其中隱含町人的某些未竟之夢。與此相同，町人藉由在島原一夜揮霍，品嚐生存的意義。本阿彌光悅與嵯峨本的世界淵源極深，當然會在島原出沒。佐野紹益與名妓吉野太夫的交情舉世聞名。在此我還想記上一筆的是，位於鷹峰的日蓮宗學寮——常照寺的內部，坐落著皈依開基日乾上人的吉野太夫之墓。我們可以站在鷹峰思及島原，也可身處島原遙想鷹峰。然而看到角屋時，我卻想起了桂離宮。

造訪角屋之際，站在從玄關到包含廚房的偌大入口，先是其肅穆外觀，忽地讓我產生拜訪寺院庫裡（廚房）的錯覺。最初導覽之處，是當成會客室使用的網代之間，即使此處也絲毫不存遊廓揚屋的嫵媚感。接著，依次導覽二樓的扇之間、緞子之間、檜垣之間等等，因襖繪主題而被統一的各個房間，更加深我恍若參觀裝飾障壁畫的寺院書院之類的印象。正當我反覆尋思，寺院與揚屋的關係如此荒誕之事時，我注意到這些房間，被完全不存於寺院的新鮮感覺所左右。那不是別的，正是床之間、袋棚（附門板的櫃子）的結構、障子（糊紙窗門）與窗的設計等極其洗鍊之感。就在如此瞬間，我不禁想起桂離宮的松琴亭、龍田屋等。特別是那些在離宮中，被認為具近代感的設計，在角屋內，則以更誇張的型態呈現。角屋的建築設計顯然類似桂離宮。此二者，一為遊廓，一者隸屬宮內廳管轄，二者必然疏離。我原本以為它們無關，但二者又都是寬永時代的文化產物。如此說來，造訪角屋就如直觀寺院，似乎有幾分道理。如前所述，以京之寺院為人所知的，大都是位處王朝遺址，以桃山、寬永遺產之姿存在者。即使有其共通處，卻絲毫不會讓人感到不可思議。

然而，角屋與桂離宮的共通處，並非僅止於二者為同一時代的產物。作為桂離宮背景的當時宮廷，以後水尾天皇為中心，有其兄弟一條昭良、近衛信尋，其叔父則是離宮的創始者智仁親王，還有完成離宮的智仁親王之子智忠親王，以及將風流傳到曼殊院的良尚親王，他們與上流町眾交情深厚。戰國時的宮廷已然式微，是藉由在御所之西發展形成的六丁町人之手自我防衛，因為公卿也需在町眾之間生活，因此宮廷與上流町眾之間便產生密切連結。從天文到天正年間的時代，虎屋、笹屋之類的町人曾在御所演出過能劇，如此表演傳統在寬永時代也未失傳，其名也因虎屋、笹屋等京都菓舖（點心店）留存到今日。如俵屋宗達般出身町眾的藝術家之名，曾出現在後水尾天皇與一條昭良的往返書信中。既然宮廷之人與上流町眾有如此厚交，因此町眾的不夜城、島原與宮廷之人之間也就不是毫無關係了。而近衛信尋與灰屋紹益爭奪吉野太夫的傳說等，則更加讓人倍感真實。

桂離宮的建築呈雁行排列，正面是古書院，左起依次是中書院、新御殿。

八條宮

容我將話題轉到桂離宮。此處看似早被許多人論述殆盡，近期則有梅棹忠夫、川添登兩位先生的研究。但是對於桂離宮是由八條宮的親王，意即智仁、智忠父子創立這點，我想還有些論述餘地。正如眾所皆知，八條宮智仁親王是陽光院太上天皇（正親町天皇第一皇子誠仁親王）的第六皇子、後陽成天皇的皇弟，曾為豐臣秀吉的養子，後因棄丸[7]出生而恢復原有身分。但秀吉還是相當支持智仁親王，甚至在征討大明國成功，後陽成天皇移往大唐之都後，考慮從若宮（後水尾天皇）或八條殿（智仁親王）兩人中擇一繼承日本的帝位。

因此，八條宮被賜與莫大資產。然而當天下轉變為德川幕府的時代，當然就不復榮景。曾與秀吉有過一時父子之緣的經歷，應讓智仁親王對江戶幕府感到難以親近，那是對「當今時興」8之物的反抗。若以修學院離宮對比桂離宮，若說後者更為用力地認可町眾傳統，大概是肇因於其反抗心態。這讓人我想起本阿彌光悅曾說：

即使喜好學問，也不得重用文藝，特別是對天下政務，佛法應甚為適宜。從各處建立上宮太子等之所就可得知，當今時興的林道春等，毀謗太子，毀謗兼好法師的徒然草、源氏物語，模仿朱晦庵的遺風，令我等覺得可笑。

本阿彌光悅與角倉素庵交情甚篤，但卻特意如此批評素庵親交的林羅山。桂離宮深受《源氏物語》等古典世界的影響，雖然這樣的說法不免陳腔濫調，但正體現了光悅的說法。這是一個與負責幕府教育之林羅山相互排斥的世界，這是本阿彌光悅的世界，也是俵屋宗達的世界。

桂離宮的第一期建築工程，是從元和六、七年（一六二〇、二一）到寬永元、二年（一六二四、二五）。寬永六年（一六二九）智仁親王逝世後，由智忠親王開啟第二期工程，於寬永十八年（一六四一）先從中書院著手。同時，幕府將東福門院（和子）送入宮中，並以此為核心推動一系列針對朝廷的政策，幕府的御用畫家狩野探幽等兄弟也前往京都參與桂離宮的襖繪[9]創作，使桂離宮經歷了重大的變化。但即使如此，包括中書院或新御殿在內，桂離宮仍得以維持一個獨特的世界。這或許與當時幕府的權力中心不在幕府本身，而是幸運地由加賀前田家所掌握。東福門院於後水尾天皇時入宮，而前田利常[10]之女富姬，則以皇后養女的身分嫁給智忠親王，此刻恰逢桂離宮開啟第二期工程之時。智忠親王與前田家的結親關係，不可思議地，竟讓人聯想到其父智仁親王與豐臣家的關係。因為秀吉與前田利家[11]關係密切，人們甚至認為，利常一生都偽裝成愚蠢的大名，以免遭德川氏猜疑，並以此求得百萬石的安泰。然而，實際上前田家的地位如其百萬石的石高[12]所示，絕非「當今時興」的存在而已。因此，桂離宮可謂流淌著不與當代合流的精神。

桂離宮給人的印象，與智忠親王之弟良尚親王設計的洛北曼殊院也有相通之處。而與此相關之修學院的印象，則類似作為其前提的幡枝圓通寺。修學院雖有著被稱作天皇文化的裝腔作勢，但在中茶屋客殿的杉門上，仍繪有肩負町眾傳統的祇園祭山鉾。反之，圓通寺的建築則相當粗糙，但那可將大比叡盡收眼底的借景，仍具備十足的王者庭園風格。寬永文化的建築以町眾為基礎，向上構築的頂峰則是王者之物。

第十三章　京都的傳統產業：西陣

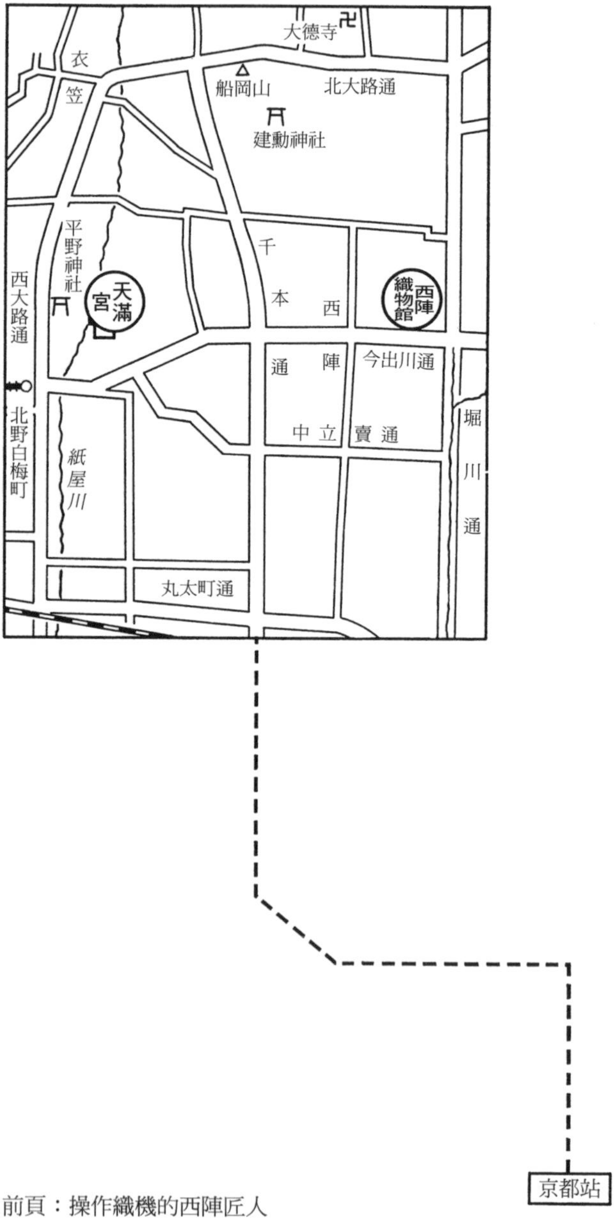

前頁：操作織機的西陣匠人

松琴亭之襖，即使從遠處望去也獨具特色，其設計和色調頗有明快的町人風情。

元祿圖樣

繞過桂離宮的庭院水池抵達松琴亭，襖上的天空色大幅市松圖樣映入眼簾，無論是誰都會感到驚嘆。這確實是出人意表的大膽設計。市松圖樣在元祿年間（一六八八－一七〇四）大為流行後，被賦予元祿圖樣的別名。因此，可以說元祿町人文化的先驅就存在於桂離宮之中。而元祿時期京都町人的實力，則深深植根在西陣之中。

爆發應仁、文明之亂的西陣之地，在亂事後發展西陣紡織業。此前，伴隨平安時代律令制解體、廢除織部司後，曾在中世以鄰接織部町的「大舍人町之綾，大宮之絹」開創民營紡織業。不過，編織師傅卻於應仁之亂時前往和泉的堺避難。如此避難並非無益，京都文化一時之間被移植到堺，還出現了學習猿樂的編織師傅之子。同時，藉著日明貿易而有許多接觸唐織等物的機會，進而創造出製作桃山文化之豪華能劇衣裳的基礎條件。在亂事平復後的京都，室町殿西方的白雲村（新町今出川北側，元新在家町）一帶，主要生產羽二重、練貫等物的練貫方也重新開張。再來是大舍人方的復活。永正十年（一五一三），雙方爆發綾織品生產權之爭，最終在隔年，練貫方被下令停止綾織品的生產，並由大舍人方取得獨佔權。大舍人方的復活，促使西陣紡織業的誕生，並為町眾社會的舞蹈、祭典、茶、能劇等生產豐富多樣的織品。後來的西陣，因獲得秀吉保護而趨於興隆，更擔負起町眾文化重要的一面。元祿之際，西陣的聲勢達到頂峰。元祿十六年（一七〇三）有超過五千家織屋（紡織廠）、一千臺織機，生產金襴、緞子等各式高級織品，還有遠從信州、甲州等地而來的原料絲線。以封建社會的手工業而言，達到了舉世罕見的水準。

元祿時代的繁榮也反映在人口上，不久前的天和元年（一六八一），共計有五十七萬五四八人，是僅次於江戶的日本第二大都會，放眼當時的世界，也是屈指可數的大城市，與江戶、大坂並稱三都，又與大坂一同被視為江戶的「上方」。相對於政治的江戶，京都則是經濟中心。與西陣生產關係深遠的越後屋（三井）、升屋（家城）、大黑屋（富山）、井筒屋（小野）、高島屋、白木屋、大丸（下村）、蛭子屋（島田）等因作為大型和服業者而繁榮。而且這些業者組成名為「二十軒組」的株仲間（同業公會），是京都資本的代表。他們不只借款給諸藩大名，還負責幕府的金銀換匯，其後還由此產生幕末的三大金融財閥：三井組、島田組與小野組。

雖說如此，西陣紡織業在元祿後絕非一帆風順。前有幕府政策，不免對產品持續干預。享保十五年（一七三〇），西陣更因遭逢大火而燒毀大半，當時燒毀了約七千臺機器而大受打擊。再加上享保年代過後，取得西陣技術之桐生、長濱、丹後等紡織業產地的發展，成為西陣的競爭對手。這些新興產地的產品技術媲美西陣，價格卻便宜許多，帶給西陣市場沉重的打擊。西陣如此惡劣的條件，自然演變成京都整體的停滯不前，讓江戶時代中期的京都，看似從歷史舞臺上跌落。再加上天明八年（一七八八）正月的大火，更導致京都抵達沉滯的極致。京都要從谷底重新振作，便得等到明治維新之後了。

堀川

橫越京都正中央的堀川，流經西陣之東，過去為賀茂川主流。市區從新町通朝西流後，道路遽然傾斜。就如名為西洞院川的小河，直到最近（編按：本書出版於一九五六年）都還存在，留有寬廣的河床殘跡。即使賀茂川因被改道、東移到現在的位置，但在《延喜式》[1]的時代則是幅寬四丈的河川，是將來自桂、淀和北山的木材運送到市區的水路。隸屬祇園社的堀川

自從友禪染的曬染中心從堀川、從鴨川轉移到大堰川後，市區中的曬染風景變得愈來愈罕見。

木材商人座眾，在水路兩側並列成排。早於高瀨川的木屋町與東西向的丸太町通之名可說源自於此。

近世以後，堀川成為京染的核心之地。由於水質屬於鐵質與不純物質稀少的軟水，相當適合染布。堀川之水被染上紅、藍等色，其色彩濃淡甚至被看作景氣的指標。木材商人的身影不知不覺消逝，沿岸淨是練、曬、張物、湯熨斗、型雕、紋模樣、糊置、洗拔[2]等染色相關業者。京染發展如此蓬勃，也與西陣有關，其相對於西陣生產的高級紡織品，可說更為親民。雖為一般衣料，卻能創造出與之匹敵的風格，其中的友禪染，可謂有著西陣織普及版的性質。

尤其是當時普遍流行的手繪友禪極

需優秀畫家，由此便可體現京都文化背景的重要意義，例如光琳等畫家親自繪製圖樣的小袖[3]仍保存至今。這類作品完全足以和豪華的西陣織相抗。現在仍有一如既往的手繪友禪，但一般生產的則是明治以後發展的型友禪，作法是將加入染料的糊，以型紙塗抹在布料上。這個方法看似到處都可以生產，然而染色最大的武器，終究是洗滌用的水質，所以無論技術怎麼變，只要堀川水質不變，產地位置就不會更動。與水質有關這點不限於堀川，賀茂川也一樣，因此其河灘作為曬與張物的場地而被大力活用。然而，即使是京染，也如同西陣，為了往後的發展必須走向近代化。

明治維新的浪濤盡頭，終至在明治二年（一八六九）決定遷都東京，讓京都市民深陷絕望。當時所有京都市民心中，必然都深埋著京都可能變成第二個奈良的憂慮。其中，西陣人們更因從事傳統產業而大感悲嘆。在西陣織物館藏的稿本中，便有著當時稻畑勝太郎的回憶。

> 在明治大帝將赴東京視察，京都不再作為政治中心之際，我等京都市民，特別是西陣紡織業家與職工等，帶著期盼陛下放棄視察的發想，在京都御所周圍舉辦「御千度」的請願活動。（中略）曾有傳言，政府要以武力解散市民的御千度活動，但最終由聖旨賞賜市民幾十萬御手元金。

王城的京都在即將衰亡之際，應該要成為今後產業支柱的西陣，卻顯露出最為狼狽的一面，其中也有著新舊共存、互助合作的京都特性。然而，知事[4]長谷信篤拿出御賜賞金十五萬兩中的三萬兩創立西陣物產公司，並將織屋分為十八家以著手重振西陣。這十八家為：模樣、金襴、博多、繻子、夏衣、真古帶、綸子、縮緬、紗織、羽二重、古帶、練絹、精好、繪絹、緞子、木棉、天鵝絨、真田等，此十八家幾乎囊括當時西陣所有相關產品。當時計畫將其統合為一個公司，並且從各家召集七十二名「肝煎」[5]，以振興西陣產業。西陣物產公司一開始就未納入中盤商人，而是專注以織屋興亡為原則進行協助，並透過集中採購原料絲線，使織屋能不用再受系屋（線行）箝制。換言之，這是精準針對西陣既有弱點的對症下藥。公司的肝煎以帶刀身著羽織的武士之姿，無償介入織屋與中盤商之間，促使交易成功。公司以此作法，試圖改善部分西陣交易的問題，欲在當時顯著的進步。然而，西陣物產公司並非全面成功，明治十年（一八七七）六月，其改名為西陣織物公司，並由八家織屋重新編制而成。

針對上述的京都危機，京都府的對策相當出色。首先針對動盪的西陣，投注應急的改善補助金。此外，為了振興整體產業，在明治四年（一八七一）訂定開設勸業場（產業振興中心）等新產業計畫，反而因此站上日本近代化的最前線，其中上述很大一部分有賴於第二代知事槇村正直的努力：明治五年（一八七二）他設立梅津的製紙工場；明治六年（一八七三）設立伏水鐵器工廠；同年，創建西陣參與極深的官營模範紡織工廠（其後的織殿）；明治八年，仿效前者完成與此配套的染殿等。再來是學術上替這些政策背書，而在物理化學學者明石博高提倡下，於木屋町二條南側的長州屋敷遺址，設置了引進西洋科學技術的最新研究所——舍密局。「舍密」是英文的化學（chemistry）寫成漢字。

明治五年（一八七二），西陣派遣三名優秀職工前往法國里昂，研究西洋的紡織技術，並進口提花織機等機器。紡織業在技術層面上的某一部分，因而添加了近代元素。隨著提花織機在日本仿製成功，隨後也製造出紋雕機器，並逐漸普及於業者之間。以堀川為代表的染色產業也出現同樣情況。明治八年（一八七五）開始指導使用化學染料的染色方法，並在高瀨川沿岸設置實驗工廠。藉由引入西洋染色技術，化學染料開始普及於染布業界。

拯救京都免於成為第二奈良危機的，是鄉土產業與其近代化。第一是西陣織，第二是友禪染，第三是清水燒。如前所述兩者的嘗試，清水燒也有技術革新。明治十一年（一八七八），德國應用化學學者哥特佛萊德・華格納（Gottfried Wagener）來到京都，他對陶瓷器、七寶燒釉料的研究及燒製技術等影響至關重大。

鄉土產業

直到明治十五年左右，產業近代化始終由京都府佔據主導地位。然而相對於此，明治十五

自中世起，六條的扇屋多用御影堂扇之名，至今仍可見路邊晾曬扇骨，是當地的一項傳統產業。

年（一八八二）到二十年（一八八七）之間，則出現了不倚賴京都府由上而下的補助，而是強烈期待著由下而上、自發性的新動向。明治前期，以由上而下的補助為中心的槇村知事，在明治十四年（一八八一）前往東京。北垣國道接任知事後，著手推動以下政策。

第一，出售明治初期的官營工廠給民間。但這項政策卻因維持工廠的民間資本貧弱，最終無法開花結果。這過程說明了伴隨資本主義的形成，京都何以無法發展成真正的產業都市。相對於此，第二個政策，則是在同一年計畫琵琶湖疏水的建設。該計畫是江戶初期以來京都人的夢想，角倉素庵曾有過類似計畫。他試圖在勢多、宇治間穿鑿河道，引水讓琵琶湖的水位下降，以便在江州創造六、七萬石，乃至二十萬石的新田地，但其目的是開發新田地，與北垣知事的意圖有根本上的不同。北垣知事越過逢坂山、東山直接引入湖水，在此進行日本最早的水力發電，試圖確保交通、產業的動力來源。該計畫錄用青年學徒田邊朔郎推行，明治十八年（一八八五）開工，克服眾多困難後，終於在二十三年（一八九〇）竣工。該計畫的偉大功績遺跡，至今仍在蹴上的傾斜軌道及疏水工程。完工後隔年的二十四年（一八九一），開設蹴上發電所，產業動力因而轉向用電，甚至於二十八年（一八九五）設立京都電氣鐵道公司，鋪設完成日本第一條路面電車。

從北垣知事兩項政策的成與敗之中，京都產業的表裡兩面鮮明地躍於我們眼前，那是現今仍未有重工業的京都及其民間資本的孱弱，與總是站在歷史前線的京都人進取性格。我想前者是中世町組延續至今的市民生活平等思想，經常瞻前顧後，在產業範疇阻礙傑出人才出現，意即創造了半斤八兩的現象。況且，西陣一帶的大型和服業者，並未將其資本投注產業，最終離京都而去。但後者應該仍是保有身為千年王城的榮光，進而產生的自尊心。京都人心中有著「怎能輸給東京」的強烈自我意識，並且拒絕所謂的對立意識，因為對立即是對等。京都人這種想法甚至可說是一種「中華意識」[6]，因此他們對社會動向極為敏感，不想晚於歷史的進步。如明治七年（一八七四）的《東京新聞》所載：「庶民認為御東遷後將倏忽衰微，但卻反而多有興起意外的繁華之事。」此事誠然讓所有人感到意外，也將面臨危機之京都人的自我意識表露無遺。

這樣的京都產業性格，在今日的西陣、堀川以怎樣的面貌展現呢？探詢西陣四千家機屋的狀態，雖不乏在大企業旗下採用動力縮織機、大量生產者，所謂西陣織的原始模樣依然是小本經營的手工業型態。目前，西陣有一萬八千臺運作中的織機，其中動力縮織機的數量總算過了半數，但還是有眾多手織機，機械化速度可謂緩慢。何況擁有百臺以上織機的業者僅有八家，而百分之八十二的織屋則只有四臺以下的織機。匠人的總人數有二萬，而批發商與織品製造商指揮的賃機[7]，令人驚訝地竟佔了六成以上。在細長的巷子裡、略顯昏暗的屋簷下，織工在設置於下挖地面的手織機，連一根絲線也不放過端詳的情況下，啪嘆叩啪嘆叩地親手編織，這是西陣最尋常的風景。如此完成之物，縱然豪華，卻又深沉悲哀。天明以後的西陣，幾乎一成不變，依然保有過去的樣貌。在京都中延續最多古老町家生活之處，仍是下京古町與此處西陣。

然而，在流經西陣東邊的堀川處，宛如象徵近代化的榮光，日本最早的電車不久前還行駛在此。最終，電車在昭和三十六年（一九六一）七月停駛，連軌道都被拆除，這份回憶也將永遠被傳述。狹小的窄軌電車從七條的車站前，經西洞院進到四條，再沿堀川行駛，穿越中立賣通，朝北野而去。這條鐵路稱為堀川線，是聯絡京都車站與堀川、西陣的重要交通路線，也是曾為人熟悉之堀川不可或缺的風景。當電車消失後，堀川將如何改變呢？堀川的新風景，讓人隱約期待與不安。

第十四章　幕末與維新：三條河原

前頁：留有天正時代字跡的三條大橋

從四條通到先斗町，穿越昔日的廓町，此風景就展現在眼前。

三條大橋

以彌次喜多、歌川廣重的畫作等為人熟知的東海道五十三次雙六[1]的術語來說，這是「上行」[2]。從近世初期的《東海道名所記》起，有不少以遊覽京都為題的作品。然而，從享和二年（一八〇二）出版首篇後，到文政五年（一八二二）的二十一年間，十返舍一九的《東海道中膝栗毛》，搭上了當時日趨頻繁的國內旅行風潮，獲得許多讀者青睞。後有天保八年（一八三七），安藤廣重赴東海道旅遊，以五十三個驛站為題，描繪自然之美與世態趣味之處，更與「近江八景」一同繪製了「京都名勝」。其他，還有諸多紀行類的作品被創作出來，最終抵達處，則總是三條大橋。

三條大橋是天正十八年（一五九〇），由增田長盛奉豐臣秀吉之命建造，在大橋的欄杆上，裝飾著刻有這段緣由的擬寶珠[3]。京都的橋梁，甚早就有四條橋及五條橋，三條大橋則被認為是日本石柱橋的濫觴，很快就成為京都街道的路標。時序越接近幕末，朝向京都的往來也越來越多。京都轉變為觀光都市的萌芽期，是在近世初期《京童》、《京雀》等名所記（名勝導覽）誕生的時期，這段時期則是成長期。自古以來，三條通的旅宿就很發達，但兩側被旅館填滿，則是幕末的情況。作為鄉土產業代表的西陣織、友禪染、清水燒及京扇子、醃漬物等，都能算是廣義的觀光產業。如以下瀧澤馬琴的評論：「京之好物有三，女子、賀茂川之水、寺社。惡劣之物有三，風氣吝嗇、料理、船運。匱乏之物有五，魚類、乞丐、優良煎茶、優質香菸、有內涵的妓女。」這也是觀光客眼中的京都模樣。我希望這番話能傳入今日京都旅館的耳中。

人潮往來愈發洶湧，貨物運輸量隨之增多。從大津越過逢坂山，從粟田口進入的道路，自中世起就有稱作馬借、車借等運輸業者活躍其中。進入江戶時代後則設「車石」，意即刻鑿了幅寬同於車輛、有著兩道溝痕的石板，可說是最古老的軌道。西國路的伏見街道也鋪有這種車石。原物在蹴上的路旁和伏見中學的玄關前，變成石碑豎立。條條大路通京都，並匯集到三條大橋。所以大橋附近，考量到車馬輻輳而改為平坦的石板。原本橋寬狹窄，為了讓車輛避開橋上、橫渡賀茂川，也在橋下以平坦石板鋪設車道。現今橋下西岸，仍留有當時的痕跡。這些車石的石匠與鋪設，著實超越一般想像。工作勞力應由近江的穴太部落供應，該地居民是戰國時就擁有切割石材、砌石技術的「隸屬民」，在各地築城之際大為活躍。而一般所謂的穴太役，意指繇役。使用這些鋪路石板的人們，則是大津、白河等地，作為車借、從事運輸的隸屬民。

河原的生活

歷史都市京都，仍留有許多歷史的殘渣。譬如在中世，人身隸屬貴族、社寺者被安排居住的「散所」，還有社會變動時，沒落、流離失所者定居的河原（河灘地）。這些立地條件惡劣的地區，就這麼延續到了近世，而此處經營的職業，則被認為是人人避忌之職。江戶時代，這類地區與職業成為因身分而遭受歧視的具體表現。江戶時代的京都周邊，有許多這類受歧視的部落，其中的天部、七條、川崎三村被指定為頭村（代表），這些村落自然是從賀茂川沿岸的河灘地發展起來，無論戶數或人口都是最多。幕府命令村人擔任警察、刑罰等下級事務，讓他們與一般人民間更加區隔開來。

自古河灘就是眾人聚集之地，例如建武時，能聽到「二條河原落書」這樣的民眾諷刺之聲，同時河灘地也作為刑場，進行首級示眾等。京都的賀茂河灘淌流許多人的鮮血。三條木屋町、瑞泉寺的豐臣秀次妻妾之墓便是其一。首級示眾的不只有真人，幕末時，連等持院的足利

京都各町的地藏，是部落民在貧苦生活中的心靈支柱。

尊氏木像首級，都被勤王志士公開示眾。

然而，河灘地的用途卻相當廣泛，在中世時，既是盼望解放之人的棲身之所，也是庶民藝術的溫床。特別是，只要來到四條河原，歌舞伎與淨琉璃、畸形秀的小屋等一間接著一間，大為興盛。中世的「散所民」、「河原者」等，運用自身才藝為民眾提供娛樂，並維持生計。所有京都町人都來此尋樂。與元祿舊時的遊里（風化區）並列為兩大惡所的則是開張於四條河原開張的芝居（劇場）。而在出雲阿國之後的劇場，今天僅剩四條大橋東南畔的南座一座，町中知曉有過北座一事之人也越來越少。不過，十二月的「東西合同顏見世興行」總是冬季京都歷久不衰的魅力所在。紅葉散落後氣溫驟降、愈發凜冽刺骨，告知入冬的即是顏見世。此亦是江戶時代流傳下來的傳統，因為是讓下一年度的東西演員一同接連登場，所以才如此稱呼。演劇當天，京都女性們抱著期待的心情盛裝打扮，儘管她們在平時過著拘謹的生活。

雖說如此，如今四條河原的蓬勃只存在於屏風畫上。明治後，鬧區轉移到新京極。東京極成為了寺町，而在寺町東側打造的新京極，據說始於靠近三條之誓願寺前的緣日市集。到了今天，河原仍以河原町通作為京都的主要道路。新京極演變成京都大眾的娛樂中心則是理所當然。只不過在繁華的店面背後，時而能窺見墳場，這也是京都歷史所致。河灘地變為市區而繁榮的另一面則是，曾為河原居民的生活，卻被聚集到「未解放部落」。

明治四年（一八七一）解放令頒布，廢止賤稱「穢多」，雖然身分帶來的歧視應該因而廢除，但沿襲自封建階級的制度，卻非那麼容易消除。沒有任何經濟上的好處，單憑一紙法令，無法輕易解決這項難題。再加上資本主義產生的社會矛盾，從日俄戰爭後就急速愈發顯著，導致都市裡出現貧民窟，而未解放部落則成為貧民窟的核心。歷史問題不單單只是歷史問題，還成為現代的問題。這類部落問題演變成日本最重大的社會問題，京都如何處理部落課題備受矚目，也是不容質疑的事實。

就此，京都內的部落問題成為一大話題。針對如此肇生於歷史、現代雙重糾葛的課題，我

雖然御所定期對外開放，但其中的小御所和苑池，就連京都人也所知甚少

們被要求的解決之道，是一舉解決呢？還是費時慢慢處理？選擇不同，結果自然不同。當一舉解決並非易事之際，我想，我們必須解開歷史與現代的糾結。要弭平有著歷史淵源，集中於地區與職業的歧視，急需積極推動可改善環境與就業自由的政策。若能達到如此條件，京都府、市積極推動的「同和教育」[4]才有辦法開花結果。

御所的燈火

三條大橋的東南角，建有高山彥九郎[5]的銅像。這尊體積超越一人的巨大銅像，正襟危坐、兩手著地，遙拜遠方的皇居。銅像製於昭和初期，後於太平洋戰爭中，為了金屬徵收運動而「應召」，很長一段時間豎立在此的都是替代的石碑，昭和三十六年（一九六一）才又重建。而同一時期，設於五條大橋畔，擷取自牛若、弁慶童話繪本之惹人憐愛的塑像，更加蔚為話題。坦白而論，京都人大都在彥九郎像因戰爭而消失時鬆一口氣。在漫長的歲月裡，定居帝都的京都人即使尊王之心濃厚，卻厭惡太過裝腔作勢的表現。

在此我提及這座銅像，是為了介紹彥九郎正面朝向的京都御所。京都御所本是南北朝時代光明院[6]的臨時住所，後來被定為皇居後，就一直位處現今的所在地。天明八年（一七八八）正月三十日發生大火，導致皇居與京都市內的大部分建築燒毀。彥九郎初次從上野國新田郡遠道前來京都，是在明和元年（一七六四）十八歲時，之後他雲遊諸國，並於天明三年（一七八三）再度赴京。首次入京時，他從三條大橋遙拜皇居，並赴等持院鞭打足利尊氏之墓。無論如何，若是大火前的御所，在夯土牆崩解後或能望見御所的燈火。大火後，幕府下令松平定信營建御所。定信曾鑽研有職故實[7]的學問，他在經過十分慎重的研究後，以接近王朝舊規為理想開展設計與營造，並於寬政二年（一七九〇）十一月完成。為何幕府會興建如此形式的御所呢？這或許是因為，在早於寶曆八年（一七五八）之時，幕府就歷經了號召朝臣、批判幕府的竹內式部等人的寶曆事件，因此其中應帶有政治意圖，即藉由營造盡可能典雅的御所，以免連彥九郎般樸素的勤王派都被刺激，進而展開反幕運動。最終重建完成的御所，對距離《源氏物語》的世界甚遠的當時宮廷而言，大概只可能作為儀典之用，不過這麼做卻反而有其意義。其後，京都御所又遭逢一次火災，並於維新將起前的安政三年（一八五六），依寬政時的模樣再次重建。

幕府暗中畏懼的情勢是，後來在嘉永六年（一八五三），美國海軍司令馬修．培里（Matthew Calbraith Perry）率船抵日，隔年下田、箱館（函館）開港。安政三年（一八五六），美國大使湯森．哈里斯（Townsend Harris）上任後，旋即要求締結通商條約。在此一系列意料外的狀況下，外部力量急速影響日本。這些幕府的動盪，促使京都朝廷再次介入政治。安政五年（一八五八）幕府大老井伊直弼簽署開國條約，對此出現激烈的反對聲浪，終致京都成為勤王志士活動的舞臺，以三條木屋町為中心的旅宿，成為這些志士的據點。志士的活動雖分為尊王與攘夷，調性各自迥異，但都隨著情勢變化而日趨高漲。文久三年（一八六三）尊攘派的偉業——孝明天皇「大和行幸」突如其來被中止，核心人物的七卿與長州藩主遭到放逐，雖然過激行動暫時被壓制，卻演變成元治元年（一八六四）七月的池田屋騷動，震盪更為遠播。肥後的宮部鼎藏等志士，企圖讓毛利侯[8]復起，因而一次解決曾制止大和行幸的人們，但計畫卻走漏給負責京都警衛的守護職松平容保的會津見廻組、近藤勇率領的壬生新撰組，於是他們持刀攻入旅館池田屋。此一事件大力刺激長州藩，導致藩兵為奪回京都而發起蛤御門之變，京都因而再次陷於戰火。這場動亂，在京都稱之為「咚咚火燒」[9]。對長期未經歷兵馬來回的京都市民而言，槍砲聲響驚天動地；接著更因為幕長戰爭（長州征伐）而持續度過忐忑的每一天。沿著三條河原的木屋町、河原町一帶，至今仍處處可見志士遇難地的指示牌。避過新撰組的耳目活動，或被提倡開國之攘夷派擊倒的志士故事，將會被傳唱到何時呢？

將話題再次回到御所。紫宸殿、清涼殿確實作為儀典之用，這些宛如重現王朝故事、紀錄般的設施至今仍保留原樣。但若來到東側的常御殿，就能充分體會適合日常生活之感。此處迥異於前述兩座御殿，前方坐落寬廣庭院水池，形象柔和的御殿，就是所謂的小御所。因前些年遭到舉辦於賀茂河灘的煙火大會飛濺來此的火花燒毀，如今呈現美麗的重建樣貌。這座小御所，正是慶應三年（一八六七）十二月王政復古（恢復君主制）大號令發布當晚，明治天皇御前，將軍德川慶喜的處分定案之際，明治新政府跨出第一步，舉辦小御所會議之地。

第十五章

學問與藝術之都：大學

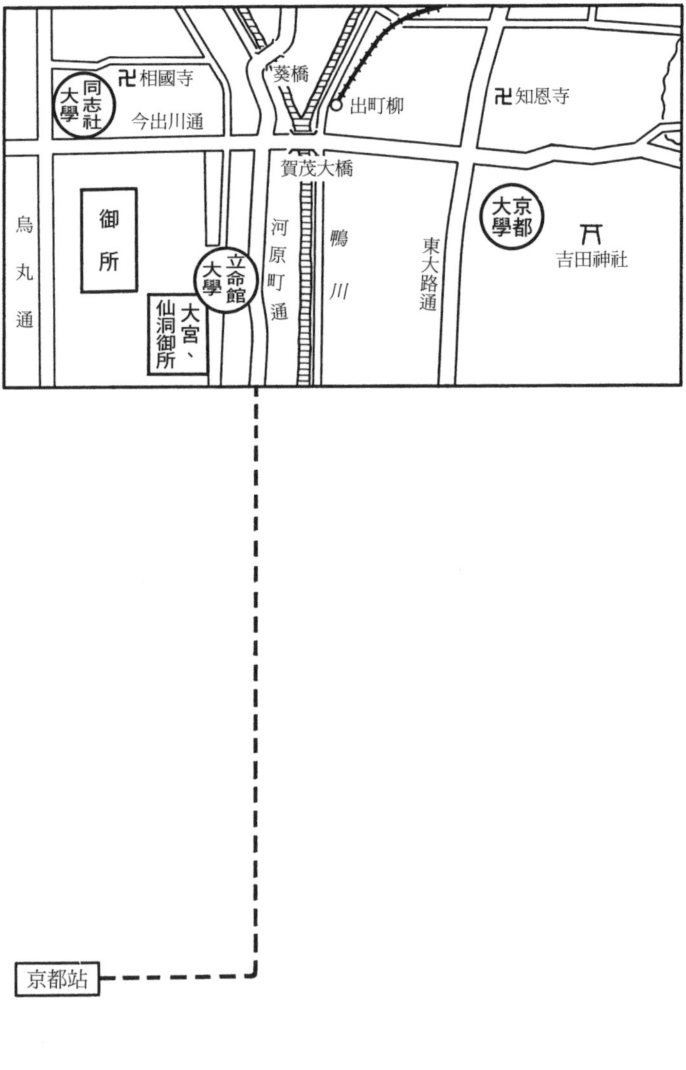

前頁：作為文明開化象徵的同志社

古義堂伊藤仁齋的舊宅址，至今仍由後代子孫守護傳承。

京都的學問

京都既是王城之地，也是學問之都。自古以來，便有基於律令制設立、作為官吏養成機關的大學寮。平安時代初期，建於大學寮周邊的「別曹」，則有和氣氏的弘文院、藤原氏的勸學院、橘氏的學館院、在原氏的講學院等。當時的學生多是這些權貴氏族的子弟，並入住個別氏族建造的別曹。所謂別曹，是附屬於大學寮，各氏族的寄宿設施或研究室。今日，雖然這些別曹全不復存在，我卻憶起自己不知何時，曾拜訪過四條大宮西側的小寺更雀寺，而寺裡有座天然石堆成的塔，也就是「雀塚」。根據寺院來歷，其為勸學院內，以鳥鳴誦讀《蒙求》的麻雀墳塚。雖然是相當輕蔑人的說法，卻顯示出往昔的勸學院應位處這一帶。京都裡不乏這類幽默的遺跡。

當時的私塾，則有天長年間（八二四至八三三）空海所創的綜藝種智院。依《綜藝種智院式》記載，大唐在各坊設有閭塾，普教童稚，也在各縣開設鄉學，廣導青衿，但平安京卻僅有一所大學，沒有閭塾。由於貧賤子弟未有學習途徑，故建設該院。空海逝世後，綜藝種智院旋即關閉，現在隸屬東寺下的種智院大學，其名源自於此。依新聞報導，該大學在學人數不滿十人，是罕見的、入學並不困難的四年制大學。我想，其中似乎蘊含著京都風格的從容不迫。

因為別曹的發展，古代的大學喪失其存在意義而逐漸衰退。而在氏族中，僅在上層官僚中獨自大放異彩的藤原氏，其設立的「勸學院」之名仍留存很長一段時間。雖貴為王城之地，但京都培養官吏的大學卻因為毫無發展而終結。然而，擔任大學寮教官之文章道的菅原、大江氏，明經道的清原、中原氏，明法道的坂上、中原氏，算道的小槻、三善氏等[1]，各領域家學興盛。尊重家學的傾向不僅反映在學問上，在各項技藝方面同樣如此。此外在圖書方面，國家所屬的圖書寮並不發達，反而是貴族藏有和書及漢書的文庫更為人所知，例如大江家的江家文庫、一條家的桃華文庫等不勝枚舉。此一事實或許說明了，在京都，相較於國家式的學問，家學式學問的傳統是更為強而有力的存在。

近世以後，隨著朱子學成為封建教育的核心，在江戶上野忍岡建設先聖殿，並興辦「昌平黌」（昌平坂學問所），學問重心因此移往江戶。但林羅山最早是在京都開課，因與前述之他和角倉素庵的交情，使他得以接觸近代儒學之祖藤原惺窩，他本人甚至計畫在京都蓋學校。該校預計邀請惺窩擔任祭酒（校長），可知惺窩地位非凡，其門下的木下順庵、松永尺五、山崎闇齋、淺見絅齋等優秀儒者輩出。這些人接觸的學問當然不出朱子學範圍，但如其被稱作京學，其內涵自然迥異於官學的江戶昌平黌。

不久後，以元祿時代為中心，出現了伊藤仁齋。據信，仁齋出生於堀川丸太町北側的木材商人町家，母親家族是以連歌為人所知的里村家，與京都三大富家的角倉家有著親戚關係。可見仁齋出身京都町人中的名門，他拒絕肥後、紀州等藩侯的邀請，一生置身於民間、好學不倦，後來甚至對作為官學的朱子學，展開學術上的批判。說到朱子學，與仁齋過著大相逕庭生活的山鹿素行，則是從政治、社會等面向對其加以批判。仁齋以學術立場進行分析，主張恢復原始儒教，提倡新式古學。如此不受權力束縛的主張，必定因其背後有著延續自寬永時代的京都町人精神。他的私塾古義堂由其子東涯接續、子孫相承，堀川的舊居仍留存於原地。如果說，京都學問對官學的批判精神展現於此，那也並不為過。

一般而言，町人世界的思考模式，倚仗的並非觀念，而是經驗；他們相較於形式，有著更重視現實的強烈傾向。因此，只要像朱子學般概念式的思想體系仍佔據官學，町的學問就難以培養。仁齋提倡的古學，在學問方面如此劇烈地批判朱子學後，鬆綁了思考模式的束縛，讓重視經驗的學問自由成長到極為有力的程度。甚至在京都町裡，誕生出山脇東洋、吉益東洞等醫學學者。除了學問領域，藝術領域則出現開啟四條派的圓山應舉。繪畫上，他顯然迥異於狩野派，也異於宗達、光琳的世界，而是精彩地擺脫舊習，從觀想進化到寫實。觀察應舉現存的寫生畫，就能窺見其為了繪製一幅華麗細緻的花鳥而殫精竭力。在我還是學生時，曾為了興趣研究應舉畫作上的落款，發現被鑑定為真跡的六十七幅作品中，單單寫上「應舉」的有十二幅，寫有「某年季寫應舉」的則有四十三幅；「應舉寫」有十幅，寫有「應舉畫」的僅有二幅。可見應舉多麼注重「描寫」，因此署名為「畫」的作品，雖然這可能是他年輕時所作，但先將其視為其贗品應較妥當。應舉開啟的新興繪畫之道延續到其後的明治，並形成京都的畫壇。應舉之墓鄰近前述的雀塚，就在街區中的悟真寺裡。

從享保到文化、文政，在其他意義上，心學的普及頗受矚目。石田梅嚴最先提倡心學，盼透過平易近人的道話（道德教訓）解說日常生活中的道德實踐。以節儉與正直為中心，講述經濟與道德的一致性，還有積極肯定商人營利等，是其被稱作「町人哲學」的理由。梅嚴死後，門生手島堵庵承繼其學說，他的修行地點為明倫舍，其下開設眾多心學講舍，並訂定內部規約。心學是異於儒學、國學[2]的獨立學門，廣泛以町人尤其是孩童為對象，因而在社會教化與成人教化上扮演重要角色，令人聯想起《綜藝種智院式》中所稱，相對於大學的「各坊閭塾」。即使如此廣博的教育活動均等地孕育於町人之間，卻與反對權力的古義堂之塾截然不同。我們

左方標柱上寫有「明治天皇行幸所京都府尋常中學校址」，後改為京都府立第一高等女學校，現為鴨沂中學。

可以說，這樣的教育活動具有超越差異的強大力量。直到今天，京的心學傳統仍由明倫、修正兩舍傳承。

學區制

明治元年（一八六八）七月，江戶改為東京，接著展開實質上的遷都，京都進入劇烈的轉變期。當時，與新產業計畫一同提出，用作奠定京都新的千年根基的事業，則是學區制的創設。其重要性在於，學區制以町組組織為基礎建立。換言之，源自中世的町組，以學校為單位重新編制。

先是明治二年（一八六九）五月，終於以各町組為單位，設立最初的小學，地區性的學區制因而劃定。截至明治三年（一八七〇），共完成六十四個學區的小學。正如京都引領著產業的近代化，在普及教育方面展現了學制的模範。所有地區都以學校進行劃分，學校與在地生活也均等且緊密地連結起來。小學建築的屋頂上，因而設置太鼓櫓（鼓樓），扮演起向町民傳達緊急事態的角色。這誠然是町內的學校，但也是學校的町。後來改稱為柳池小學校（現為柳池中學校）的上京第二十七番小學校（小學），是其中較早開設者，也是日本第一所小學。柳池的校名來自地名柳馬場御池，其他的小學校名則是從號碼改為帶有個性、但稍嫌難以熟悉的平安京時代唐式坊名，例如：銅駝坊的銅駝校、格致坊的格致校等等，雖然不知是由誰發想，但從校名仍可窺見京都的歷史，這點頗令人感到懷舊。

接著，在明治四年（一八七一）開設了更上一級的中學四所，還有外國人教授語言課程。日本第一所中學，設立於京都所司代的遺址上，後為府立京都第一中學校（中學，現為洛北高等學校）。隔年在土手町丸太町南側的九條家舊居，開設了最初的女子學校——女紅場，其後則創立府立第一高等女學校（現為鴨沂高等學校）。

京都的學校計畫與產業近代化相同，是由時任府參事的槙村正直提出。而在當時的東京，福澤諭吉已於安政五年（一八五八）五月在江戶的鐵砲洲開設私塾，並在明治四年三月移往三田，奠定當今慶應義塾的基礎。同年五月，福澤諭吉造訪京都，他曾道：「原就無造訪名勝古蹟之暇，參觀博覽會也非余輩本來上京之趣旨，需先一覽府下學校。」他投宿於御幸町的松屋吉兵衛方（現為松吉旅館），並在這家旅館寫下該次視察的後記〈京都學校記〉。

在民間開設學校，讓人民受教育，為余輩積年宿志；今到京都，初次見其實體，其悅恰如返鄉、逢知己朋友。大凡世間之人，見此學校而無感者，應是無報國心之人。

如其最後以這段文字作結，他期盼其他府縣仿效京都的學區制設學校，以及有一天，日本全國子女都受過學校教育。

不久後，對京都學區制抱持深切興趣的福澤諭吉，在槇村知事囑咐下，設立慶應義塾的分校。這應該是因為當時人們認為慶應義塾專精外文教育，而槇村知事深切感受到外文教育的必要性所致。福澤立即應允此事，然後在明治七年（一八七四）一月開辦學校，設址於當時的司代遺址，也就是京都府廳（府政府）內的一間臨時中學校舍。這所學校由福澤的門生莊田平五郎主導，並從三田借調教員，教授洋書課程。雖然臨時安身於府廳內有所不便，不過福澤曾在寄給莊田的信裡傳達以下內容：

雖然情況全如新宮氏所想，京都分校設於中學校內，有些許因官廳帶來的不便；但事實上，我輩提倡的教學方法相當適合京都人情，教師、學生都恰當合宜，毋須忌憚官立中學；與

官員詳談後，中學校可完全廢止，並停用官立名義，由我輩承接，此等之事毋需驚訝。（同年二月二十三日）

從信中我們得以窺見福澤對京都教育的熱情。雖為僅有一個講堂的學校，但在同樣出於福澤筆下的《京都慶應義塾之記》中，記有其入學、教授方法、學費、休業、書籍之事及學生心得等。學生共十數人。雖然這處教學場所的生命不算長久，在當年四月，就因教學者為借調而出現困難，但卻堪稱文明開化[3]時期的京都風景之一。

福澤諭吉對京都懷抱的期待，從迥異的立場將其實現的人是新島襄。新島原先修習蘭學[4]，並在維新之前悄然前往美國，鑽研學問十年後歸國，明治八年（一八七五），他與山本覺馬組成財團同志社。山本曾以京都府顧問的身分協助槇村參事實施學區制，接著創辦英語學校。這所學校的根底理當是基於基督教主義的自由主義、民主主義、國際主義之教育。因此，在教育方面排除偏重知識的思想，並將重點放在良心的養成，進而培養出許多貫徹其主義的名人。雖然不能否定同志社的風氣創生自這般基督教主義的方針，但也不能忘記京都的精神風土，即最傳統的京都同時也培育著同志社。在越過今出川通的京都御所北側，同志社的洋風建築林立於此，與臨濟宗本山相國寺，呈現出極具京都風格的對比。當我們想像同志社建築之初這一帶朝氣蓬勃的風景，便讓人感到心情愉悅。

已度過「還曆之年」的京都大學，自開設以來已經歷三代教授，至今仍不忘初心。

大學物語

京都東北的小丘陵，位處吉田山山腳的東一條，是開展近代學術淵藪之處；而在吉田山的山腰，則設有吉田神社與太元宮，在中世的往昔曾是神道學問的中心。這一帶蘊含著不可思議的對比奧妙。

吉田神社是貞觀元年（八五九），藤原氏對政治躍躍欲試之際，自奈良春日神社分靈恭請而來。綠色山腰上，四座美麗的春日造[5]朱紅社殿緊密排列。從此處的本社向東南過去、往上不到一町的地方，由朱紅鳥居與玉垣[6]圍繞的「齋場所」更為重要，而其中央是迴廊環繞的太元宮。太元宮是建於慶長六年

（一六〇二）的八角堂，屋頂的千木、勝男木[7]之形狀也相當殊異，的確飄散著一股神秘氣息。太元宮的左右，供奉著《延喜式》內的日本國神祇共三一三二尊，背後還有名為外宮宗與內宮源的伊勢神宮遷祠。文明十六年（一四八四），因應仁、文明之亂化為焦土的京都，吉田神社家族的吉田兼俱開始提倡，此處為內外宮等全國神社的萬法起源。若將當時在諸國紛紛設立的總社視為地區封建制的神社版本，太元宮則試圖實踐中央集權化。獲得當時幕府掌權者御台日野富子[8]支持一事，帶有非常強烈的政治意涵。因此，被稱作吉田神道的神學教育，即樹立於此背景下；而吉田山的別稱神樂岡，也源自於此。想來，這般太元宮的構想應是為了提供化為焦土的京都，在重生之際的某些精神支柱。因為參拜太元宮就等同於參拜全國的神社，換言之，那將是復甦京都的策略之一。即使到了今日，一到節分[9]當天，就連大學城也被聚集至此參拜的人們擠得水瀉不通。

源自神樂岡的神陵之名，在明治後，因為「三高」的學生而廣為流傳。三高的神陵是相對於一高的向陵。明治初期，除了京都之外，大阪也設立舍密局，此為第三高等學校前身，後於明治十二年（一八七九）改為大阪專門學校，又於明治十八年成為大學分校，隔年改稱第三高等中學校，又於明治二十二年遷往京都。接著，歷經明治二十七年的學制改革，第三高等學校（高中）誕生。當時的校舍位處現今京都大學本館所在地。對京都而言，因為在六十四所小學、四所中學上設置了高等學校，想必感到歡欣鼓舞。於此意義上，所有京都市民對三高學生抱持的親愛感，也與町組制有關。

從此刻起，將京都打造為相對東京的關西學問中心之構想，逐漸擴大成型。在明治二十六年的帝國議會上，自由黨代議士長谷川泰與其他三十二人提出議案，建議在京都設大學。他們對此相當積極，甚至認為可廢止部分既有的文部省（教育部）直轄學校，將經費轉作大學所需也無妨，議會通過此案。因此，第三高等學校暫以層級略低的分科大學[10]形式存在，並在廢除大學預科後設置法學系、工學系、醫學系。不過，實際施行則因恰逢日清戰爭而稍微延後，在戰後的明治三十年（一八九七）六月，由文部大臣西園寺公望決議，京都帝國大學設立。因此最初，京都大學就背負起與東京大學抗衡的學問中心地位。由於東京成為政治中心與培養官吏的場所，相對地京都則是希望在不受政治拘束的自由天地，創建一間探究真理、鑽研學問的學府。能有如此想法，也因為在京都設大學，實為文部大臣西園寺公望的決定與推動。

早在明治維新前兩年的慶應二年（一八六六），年僅十八歲的西園寺公望就已在京都御所苑內的私邸開辦每月一至二次的詩會。出席者有當時的著名儒者詩人橫山湖山（其後的小野）、賴山陽的次子賴支峰、梁川星嚴的遺孀紅蘭、山中靜逸等與會者相互評論古今詩文，但很快地，順應潮流的詩文之會轉變為時事問題的評論會。其後的維新時期，西園寺討伐了山陰鎮撫及後來的越後、會津後，返回京都。他以先前的詩文會為基礎開設私塾，取自《孟子》〈盡心篇〉，稱為「立命館」。敬私塾教師為賓師，廣瀨青村、松本龍、江馬天江、神山鳳陽等名列於此。該私塾符合時下潮流，片刻便有學生聚集，常維持七、八十名甚至百名學生，因而增建長屋、充作校舍。然而，隨著私塾評價愈高，京都府廳或許懼怕，學生會從議論時事演變成對政府政策的批判，因而禁止了私塾。

這次事件，是何等政令呢？現今雖取自西洋，但乃至商人，紛紛設立公司、致力修身、私設學校，或獲得政府財政支持，人人勉力勤學。況且堂堂神州，實望一郎（公望之假名）實屬不肖；作育未臻成熟之人才，欲回報國恩九牛一毛。敝人衷心諸位先生亦知，今不必再重申。尤此前（政令）寄達時，向大學校遞送書信，幹部均回覆：極其感服；長官亦答：將盡心盡力指導，如前所述。雖是為家僕子弟所設，然該師門人、其他學生多有出入一事不必嚴詞。此前狀況僅是暫時，（未來）定能再起，應等待時機。（致立命館諸先生，明治三年五月二十四日）

此時，在長崎學習法文的西園寺，寄了這樣一封信給賓師們，邊期待著重新開設，後於明治三年（一八七〇）十一月赴法。二十年後，他建議於京都設大學時，當時的回憶必定掠過其心中。年輕時曾如此強烈地盼望設學校的他，如今雖是官立，但大概可以推測，他對在京都設大學會抱持怎樣的期待。

明治三十年（一八九七）九月，京都帝國大學設理工科大學，接著於三十二年九月開設法科、醫科大學。理工科大學得以最先開設，必然是其接收、背負了源自大阪舍密局傳統的第三高等學校其設施作為校舍之故，而彼時的三高已遷至南側，也就是現在的教養部[11]所在地。最初預計開辦的四科中，僅文科大學因預定到任的教授留學海外、日俄情勢告急等因素而推延，並於戰雲消弭後的明治三十九年（一九〇六）九月開設。京都的大學在殷殷期盼下開創，作為在京都土地上成長的京都學問，其傳統可蔚源遠流長。特別是在針對大學的權力壓迫時總能頑強反抗，守護大學的獨立自主與學問自由。例如明治三十六年（一九〇三）五月，針對以東京帝國大學為主的戶水寬人博士等所謂七博士事件，京都帝國大學法科大學教授等人聯合為撤銷行政處分而奮戰，又如大正二年（一九一三）發生於京都帝國大學的澤柳事件，大學同樣堅持初衷，獲得大學內部的行政自治權。又於昭和八年（一九三三），因瀧川幸辰教授休職問題引發的京大事件等，留下輝煌的抵抗史，而在如此自由的大學學習，許多承接新社會思想與信念的人才於焉誕生。

昭和八年的京大事件中，佐佐木總一博士等被免職的教授，一同轉赴私立的立命館大學，當時人們感動地迎接他們。京都帝國大學創辦之時，從西園寺文相的秘書官轉任京都帝國大學事務官，為大學創辦奔走的中川小十郎，邀請法科大學的教授擔任講師，以普及民間的大學教育為抱負，並於明治三十三年（一九〇〇），借用賀茂川畔東三本木通的旗亭（酒樓）二、三樓，開設私立的夜校，也就是京都法政學校。校舍在不久後遷移，校名則改為大學。大正二年

（一九一三）十二月，因山陰鎮撫後，中川與西園寺締結深切緣分，承接了明治初年私塾立命館的稱號，奉西園寺為建學之祖。這麼說來，立命館接收京大免職教授一事，也讓人感到與西園寺有著淺淺的因緣。當時，京大事件的發展成為左右日本大學命運的事件，備受世人矚目。結果其發展非如過去的澤柳事件，而以大學自治被蹂躪、自由被破壞告終，必然讓當事者悲痛欲絕。而且由此一事件為開端，對學問、思想的壓迫迅速升高，時局愈發緊迫。

戰後的京都大學，延聘過去被京大驅趕的瀧川幸辰教授為校長。在這個社會劇變的時代，人們在重新認識到大學肩負京都學問、不受權力束縛的自由有何等重要意義後，社會終於正確評價京都大學留下的反抗歷史。國立與私立大學之間，還有市立的藝術大學、音樂短期大學等，都是以坐擁漫長歷史的京都畫壇、風格嶄新的交響樂團為後盾的活動。京都在其歷史上，一直都是學問與藝術之都。

京都的未來怎麼走？我想，議論此事顯然還有別的機會。然而，迄今京都市以國際文化觀光都市的美名，強力推進觀光至上主義這點，已到了不得不反省的時刻。將京都四季的各式宗教活動，全盤塑造為觀光資源的政策，雖屢屢掀起討論，但唯有尊重文化，才能讓信仰與觀光有所折衷空間。文化、觀光都市並列之際，就不得因為觀光而犧牲文化。反倒是貫徹京都作為文化都市之際，自然地達成觀光目的。再者，為了京都的新發展，打造工業都市的討論也浮上檯面。然而，此事卻因為長岡町、向日町等鄰近町村的合併，開始期待該區形成工業區，這麼做，不免受到僅是為了稅收、倚靠外力的責難。所以京都內的傳統產業又該如何發揮呢？西陣織、清水燒、京扇子等可謂觀光產業，同時有支撐起文化創意的一面。反而可能因為對後者有更深刻的認識，而得以開創新的活路。相對於東京的政治、大阪的經濟，京都則是文化，意即學問與藝術的都市。當東京、大阪年復一年與學問與藝術氛圍漸行漸遠之際，京都的責任就更為重大了。如此對三都的看法，今後將日愈得到證實才是。

註釋

前言

1. 編註：原文為「春は花、いざ見にごんせ、東山色香競う夜桜や」，出自江戸時代後期流行的歌曲《京の四季》。
2. 編註：原文為「秋ぞ色増す華頂山、時雨を厭う唐傘の、濡れて紅葉の長楽寺」，出自江戸時代學者賴山陽的詩作《京の四季》。

序章

1. 譯註：「疏開」原來意指疏散等，此處是指戰爭期間，「建築」本身為了防止空襲後的延燒而部分拆除；戰後，留下之拆除後的空地不少被修建為道路、廣場等公共設施。
2. 編註：此為京都的傳統童謠《丸竹夷》，歌詞以當地東西向街道名稱串聯而成，全文為：「丸竹夷二押御池，姉三六角蛸錦，四綾仏高松萬五條，雪駄ちゃらちゃら魚の棚，六條三哲とおりすぎ，七條越えれば八九條，十條東寺でとどめさす。」（中文：丸竹夷二押御池，姐三六角蛸錦，四綾佛高松萬五條，雪駄叮叮噹噹魚架，通過六條三哲，跨過七條就是八九，最後就是十條東寺）。這首童謠提及的京都街道名依序為：丸太町、竹屋町、夷川、二條、押小路、御池；

姉小路、三條、六角、蛸薬師、錦小路；四條、綾小路、佛光寺、高辻、松原、萬壽寺、五條；雪駄屋町（今天的楊梅通）、鍵屋町、錢屋町（今天的的場通）、魚の棚（今天的六條通）；六條、三哲；七條、八條、九條；十條、東寺。

3. 譯註：SAN（さん）為尊稱，表示敬意。

4. 譯註：距離與面積的單位，不同時期略有差異，一町約一〇九公尺。

5. 編註：空海（七七四—八三五）為平安時代初期的僧人，於八〇四年前往唐朝留學並學習密教，返回日本後創立真言宗，諡號弘海大師。

6. 編註：守敏，生卒年不詳，平安時代初期僧人，曾在大和國石淵寺學習佛法，通曉真言密教。

7. 編註：源順（九一一—九八三），平安中期的貴族，也是學者及詩人，為三十六歌仙之一。

8. 編註：王朝時代，日本傳統的歷史稱呼，來自於天皇統治的「王朝」，就是朝廷擁有政治實權的時期，通常涵蓋了古墳時代、飛鳥時代、奈良時代、平安時代等歷史時期，或是特別用來指稱狹義上的平安時代，相對於鎌倉時代到江戶時代的「武家時代」。

9. 編註：藤原冬嗣（七七五—八二六），平安時代初期的廷臣，出身於藤原北家，深受嵯峨天皇信賴，歷任眾多官職，奠定北家繁榮的基礎。

10. 編註：賴山陽（一七八一—一八三二），本名襄，字子成，號山陽，別號三十六峯外史，江戶時代後期的著名儒學家、歷史學家及詩人，著有《日本外史》、《日本政記》，對幕末尊王攘夷志士有很大影響。

11. 編註：中世，日本歷史分期概念之一，大約涵蓋範圍為十一世紀後半的院政期到十六世紀後半的戰國時代晚期。在日本的歷史中，存在著多種不同的時代劃分方式，而沒有一個被廣泛接受為定論的。不過在一般歷史研究中，被廣泛採用的時代劃分法包括：原始、古代、中世、近世、近代（以及現代）。

12. 編註：五山，指臨濟宗在京都的五大寺院。西元一三八六年由足利義滿確定排序，依次為：天龍寺、相國寺、建仁寺、東福寺、萬壽寺。

13. 編註：侍所，日本鎌倉幕府時代，將軍源賴朝於西元一一八〇年設立的軍事及警組織，平時為統率召集家臣（御家人）及處分罪犯；戰時則統領軍務及奉行軍令。此組織沿用至室町幕府時期，負責京都的警備。

第一章

1. 編註：攝社，附屬於本社，供奉與本社神祇關係密切神祇的神社。
2. 譯註：任職於神社，執行祭神儀式等之人。
3. 譯註：世襲神職的家族。

第二章

1. 譯註：歸化人，古代從海外前來日本定居的移民及其子孫。
2. 譯註：一般將平安京的範圍視為洛中。由此向外，依方向分為：洛東、洛西、洛南、洛北等區域。相對於洛中（市區），亦有洛外（郊區）的說法。
3. 編註：應神天皇（統治期間約為西元三九〇—四三〇），傳說中日本第十五代天皇，其在《日本書紀》稱作譽田別尊，《古事記》則將之名為品陀和氣命，中世後被尊為軍神八幡神而受到崇敬。
4. 譯註：南鮮，指朝鮮半島南半部。
5. 編註：葛野地方，今天京都市區的右京區。
6. 譯註：從屬於貴族、豪族等，未受國家直接統治的人民。
7. 編註：姓（カバネ），源於六世紀中期大和政權的氏族制度，由治天下的大王（即天皇）賜予有力氏族的稱號，用以表示該氏族的位階、形式和性格。當時主要的姓有：臣（オミ）、君（キミ）、連（ムラジ）、直（アタヒ）、造（ミヤツコ）、首（オビト）。
8. 編註：源自隋唐時代的賦稅與勞役制度。「庸」指前往京城服勞役，可以支付米或布作為替代；而「調」則是以絹布及各項雜物所支付的稅。
9. 譯註：掌管財務、金融等的單位。
10. 編註：日本古墳時代（約西方三世紀至六世紀末）後期的一種石室，由安放遺體的玄室和作為通路而建的羨道所組成，由於同時設有出入口，因此通常用於合葬。日本最大的橫穴式古墳是位於奈良縣的丸山古墳。
11. 編註：半跏，俗稱單盤坐，即將一足交於另一足之上，並彎曲盤起，為諸佛的打坐姿態之一。
12. 編註：藤原時代，日本文化史的分期術語，指九世紀後期停止遣唐使後的平安時代中後期，是藤原氏實施攝政政治的時期。此一時期是女房文學、大和繪畫、和式書法及建築等「國風文化」興盛的階段。
13. 譯註：神社供奉的神祇。
14. 譯註：鎮守在自己居住土地上的神祇，在其鎮守範圍內生活、工作的人被稱為氏子。

第三章

1. 編註：天平文化，來自聖武天皇（七二四—七四九）的年號「天平」，指聖武天皇遷都到奈良平城京後，直至八世紀中葉為止興盛的貴族與佛教文化。
2. 編註：町、反，古代日本丈量土地面積的單位，一町＝十反，約為面積九九一七平方公尺。
3. 編註：最澄（七六七—八二二），平安初期僧人，天台宗的開山祖師。
4. 編註：別當，日本平安時期律令制的職務名稱，一般指官司組織的長官。同時期負責統領大寺院的長官，也可稱為別當。
5. 編註：坂上田村麻呂（七五八—八一一），平安時代著名武官，受到桓武天皇重用，曾兩次出任征夷大將軍，被稱為「王城鎮護」、「平安京的守護神」。
6. 編註：指日本古代以紅色布料所製成的披巾或旗幟。

7. 譯註：與特定神佛有緣之日，在該日將就能獲得比平日更多的功德而參拜、供養。
8. 譯註：供奉開山鼻祖等的塑像、畫像等的所在。
9. 編註：前田綱紀（一六四三—一七二四），江戶時代加賀藩第四任藩主，以愛好學問而知名。

第四章

1. 譯註：垂跡，又稱本地垂跡，來自佛教興盛時代的神佛習合思想，指佛陀、菩薩為了普渡眾生，暫時化身日本神祇的形象現身。
2. 譯註：帶來瘟疫的惡神。
3. 譯註：八棟造，一種神社建築樣式，本殿與拜殿以石之間相連。
4. 譯註：檢斷權，調查與判罪的權力。
5. 譯註：座，類似現代同業團體，以幕府、領主或貴族、社寺等為本所，向其繳交金錢等，以取得營業、獨家販賣等特權。
6. 譯註：町眾，富裕的工商業者。
7. 譯註：座眾，加入「座」的商人。

第五章

1. 譯註：菩提寺，指家族代代皈依該寺宗派，供奉祖先牌位之寺。
2. 譯註：御所，一般意指天皇居所，也指上皇、親王、將軍等皇族、權貴的居所。幾乎與皇居同義。

3. 譯註：法親王，出家後受封親王的皇子稱號。
4. 譯註：親王、法親王擔任住持、定居於此的寺院種類。
5. 譯註：大覺寺統，鎌倉時代後期到南北朝時代之間，大覺寺統（南朝）與持明院統（北朝）兩個血脈互爭皇位，後於大覺寺舉行講和會議。
6. 譯註：糊紙拉門、屏風等，壁龕、裝飾板材之上的壁面等處之繪畫總稱。
7. 譯註：以日本的風景、人事物為題材的繪畫種類。
8. 編註：奝然（九八三年—一〇一六），俗姓秦，生於京都，自幼入東大寺學三論宗，後又學真言密教，九八三年取得入宋牒，率領弟子入宋求法。
9. 編註：原文為「柿ぬしや木ずゑはちかきあらし山」。
10. 譯註：今樣，字面上指現在、當下的風潮，在歷史上也特指在平安中期至鎌倉時代，流行於貴族及平民階層的新歌謠樣式。
11. 譯註：書院造，起自室町中期，完成於桃山時代的武家住宅樣式；是將單一棟建築，以拉門等門窗分隔，作為複數房間使用的型態。
12. 譯註：違棚，壁龕處，左右層板高低略有不同的層架。
13. 編註：第二室戶颱風，一九六一年九月十六日登陸日本，對大阪灣沿岸造成重大災害。
14. 譯註：寢殿造，平安時代至中世的貴族住宅樣式，也是以北側寢殿為中心展開的建築形式。
15. 譯註：能劇，原名為「能」，日本獨有的一種舞台藝術，為佩戴面具演出的一種古典歌舞劇，從鎌倉時代後期到室町時代初期之間創作完成。
16. 譯註：送乳信仰，在日野資業建立藥師堂後，許多奶水不足的母親會來此祈求藥師如來賜予奶水，因此藥師如來又稱為「送乳藥師」。在送乳信仰形成後，人們也會來此祈求順產、育兒、健康等。
17. 編註：密佛，因宗教信仰之故，供奉神像時，將其置於箱櫥內並緊閉門扉。
18. 編註：原文為「山しろの木幡の里に馬はあれど、徒歩よりぞ来る君を思へば」。

19. 編註：原文為「山門を出れば日本ぞ茶摘み歌」，為江戸時代著名女詩人田上菊舍（一七五三―一八二六）拜訪萬福寺時所留下的詩句。
20. 譯註：攝關政治，平安中期，藤原氏擔任攝政、關白等職務，掌握政權的政治情勢。
21. 編註：佛師，又稱造佛師，製作佛像的工匠。
22. 譯註：上代樣，平安中期的日式書法風格，小野道風、藤原佐理、藤原行成等人為其中代表。
23. 譯註：欄間，日本傳統建築樣式，位於天井（天花板）和門窗上框之間的雕紋裝飾，具有採光、通風、裝飾的功能。
24. 譯註：兩柱相隔為一間，約為一點八公尺。日本古代是以「間面記法」表現出建築的規模，此處的三間四間為樑間三間、桁行四間之意，意即樑（垂直中脊）的方向長為三間，桁（平行中脊）的方向長為四間。
25. 編註：聲明，一種佛教樂曲，指舉行法事時，伴隨旋律唱誦經文或真言。八四七年，前往唐朝的天台宗的慈覺返回日本，以比叡山為中心傳授學自山西五臺山的聲明。之後天台僧人良忍（一〇七三―一一三二）在京都大原傳授聲明，為「天台聲明」的正宗傳承。
26. 譯註：融通念佛，日本佛教淨土教的宗派之一。
27. 編註：大原御幸，散見於《平家物語》，描述平家滅亡後，後白河法皇造訪寂光院的故事。
28. 編註：寂光土，全名為「常寂光土」，指佛所在的淨土。
29. 編註：障壁畫，指繪製於牆壁或是房間之間的隔斷物（主要為紙門）上的繪畫。
30. 編註：《好色一代女》，江戶時代俳諧師及作家井原西鶴（一六四二―一六九二）浮世草子作品中的第六部作品，是以第一人稱小说的形式，從女性主人公的視角描繪其豐富多彩的好色生活。

第六章

1. 譯註：同樣來自間面記法，面是指建築各面是否設有屋簷。

2. 譯註：嗷訴，社寺的神職人員，以神佛之名為後盾，對朝廷、幕府等發起集體示威行動，以達到其訴求。
3. 譯註：平安後期到中世的名田所有者。
4. 譯註：本瓦葺，鋪瓦屋頂的一種，以平瓦、筒瓦交互組合鋪設。

第七章

1. 編註：六波羅政權，平安時代末期由平清盛建立的政權。
2. 編註：六波羅探題，鎌倉幕府的官職名。在一二二一年的承久之亂後，執權北條義時廢除京都守護一職，於京都六波羅蜜寺的南北各設一個管理京都政務的機關「六波羅」，兼署監察朝廷公家。
3. 譯註：奈良時代末期到鎌倉、室町時代的藝能之一。後發展為「能」、「狂言」等表演藝術的起源。
4. 譯註：方丈，通常指住持居所。
5. 譯註：塔頭，本寺基地範圍內的小寺。

第八章

1. 編註：源空（一一三三—一二一二），鎌倉時代初期的僧人，淨土宗開山祖師，推動不論任何階層信眾只要口念「南無阿彌陀佛」，死後就能往生極樂的平等主張。
2. 編註：惡人正機說，親鸞主張的淨土真宗思想，即惡人正是阿彌陀佛本願所要拯救的對象。
3. 譯註：荼毘，梵語的火葬。
4. 編註：一遍（一二三九—一二八九），鎌倉中期僧人，時宗的開山祖師，倡導他力念佛。

5. 譯註：藤原佛，指藤原時代的佛像雕刻。
6. 編註：道元，鎌倉初期的僧人，曹洞宗的開山祖師，生卒年為西元一二〇〇年至一二五三年。
7. 編註：蔀戸，上下兩部分組成的格子木窗。
8. 編註：蟇股，「蟇」指青蛙，因其構造看起來像青蛙下半身腳開開的模樣而得名。蟇股裝設在兩根橫樑之間，支撐上樑並分散其重量。在青蛙的「跨下」也常會有裝飾性的雕刻。

第九章

1. 譯註：盆踊，盂蘭盆時節，眾人群聚舞蹈的一種形式。
2. 譯註：紅殼格子，氧化鐵紅的格柵。
2. 譯註：上方，指京都與其周邊區域，「上」是為表現對御所所在之京都的敬意。
4. 編註：銀座，指中世至近世時期，負責銀金屬的銀幣鑄造所，而年寄是負責經營銀座的管理者頭銜。
5. 譯註：日本傳統的地緣社區組織。
6. 編註：蓮如（一四一五—一四九九），室町時代中期淨土真宗僧人，本願寺第八代宗主，因奠定本願寺教團組織基礎，而被譽為「中興之祖」。
7. 編註：一向一揆，室町至戰國時代，由淨土真宗本願寺派的一向宗信徒所發起的暴動之總稱。
8. 編註：土一揆，指室町時代畿內及周邊地區頻發的農民動亂。
9. 編註：織田信長（一五三四—一五八二），活躍於戰國時代至安土時代的大名，一五六八年擁立足利義昭為室町幕府將軍，並以此為大義名分開始上洛，前往京都。後於一五七三年推翻名義上統領日本達二百餘年的室町幕府。

第十章

1. 譯註：立花，日本花道最為傳統的形式之一，創立於室町時代的京都，是以豎立於中央的「真」為主幹，並藉由其他旁枝，營造自然的樣貌，其起源可以追溯到佛教供奉、直立放置在花瓶中的鮮花。
2. 編註：池坊，日本歷史最悠久、成員最多的花道流派，其名源於聖德太子的沐浴之池。
3. 譯註：指室町時代日本與明朝的貿易往來。
4. 編註：鳥子紙，一種高級的和紙，通常用於繪畫與書法，也可用作裱糊日式扇門的裝飾。
5. 譯註：笹葉製成的消災解厄護身符。
6. 編註：占出山，山鉾的一種，其造型為歷史人物神功皇后，她的左手拿著釣竿、右手拿著釣到的香，來自神功皇后前往三韓征伐的故事。
7. 譯註：恭送亡靈的焚火。

第十一章

1. 譯註：烏帽子，舉行過成年禮男子所戴帽類的一種。貴族為平常之用，庶民則在正式場合等使用。
2. 譯註：袴，和服中繫在衣物外側，從腰部往下覆蓋的寬鬆衣物。
3. 譯註：地下人，日本中世時期後，社會對沒有官位的名主、庶民的稱呼。
4. 譯註：地子，在莊園制中，是以田地、耕地、房地等進行課稅。以米納稅稱為地子米，以錢納稅稱為地子錢。
5. 編註：安南國，指同時期的越南，其正式國號為「大越」（一〇五四—一八〇四），但因接受南宋冊封為「安南國王」，故東亞各國往往以「安南」稱之。

6. 譯註：取得統治者的朱印狀，以及國外渡航許可證，進行國際貿易的船隻。
7. 譯註：土木、建築工程開工前，祭拜土地神的儀式。
8. 編註：一之船入，地名，位於京都市中京區木屋町通二條下的碼頭遺跡。

第十二章

1. 編註：佛教術語，一切有為法都是因各種因緣和合而成，此理即為緣起。
2. 譯註：揚屋，招喚高級娼婦到此遊樂的店。
3. 譯註：置屋，藝伎、娼婦等所屬的單位。依顧客要求派遣藝伎、娼婦等到料亭、茶屋等處。
4. 譯註：本丸，日本城池中最核心的區域，為城主的住所，大都位於中央建築區內最高的建築天守（天守閣）。
5. 編註：島原之亂（一六三七—一六三八），亦稱島原天草之亂、島原天草一揆，爆發於江戶時代初期，是日本史上最大規模的一揆與天主教教案。
6. 編註：吉利支丹，葡萄牙語「基督徒」的日語漢字寫法，是日本戰國時代、江戶時代乃至明治初期對基督徒的泛稱。
7. 編註：棄丸，豐臣秀吉嫡子豐臣鶴松之幼名。
8. 編註：原文為「今時めける」。
9. 編註：襖，是一種常見於寺院、宮殿等日本傳統建築，以木質框架兩麵糊上唐紙製作而成的橫拉門，而在唐紙上進行的繪畫藝術則稱為「襖繪」。
10. 編註：前田利常（一五九四—一六五八），加賀藩第三代藩主。
11. 編註：前田利家（一五三九—一五九九），戰國時代人物，加賀藩始祖，早年為織田信長家臣，後歸順與其有深交的豐臣秀吉，成為豐臣政權五大老之一。
12. 譯註：石高，指土地的生產力，以面積乘以一定係數，換算成米的產量，此單位為石。

第十三章

1. 譯註：《延喜式》，平安時代的法令彙編。
2. 譯註：意指去除雜質、漂白、攤曬、燙平、紙型、圖樣、上糊、洗滌等作業。
3. 譯註：小袖，相對於今日廣袖的和服，袖口較小的和服。
4. 譯註：知事，地方行政區域首長。
5. 譯註：肝煎，一般指負責監督管理等諸事之人或仲介斡旋者。
6. 編註：原文為「中華意識」。
7. 譯註：自機屋借用線、道具等，收取報酬織布。

第十四章

1. 譯註：一種形式類似大富翁的遊戲。將東海道五十三個驛站的圖，依序以漩渦狀排列繪於紙上。
2. 譯註：從東京到京都。
3. 譯註：欄杆柱頭上的洋蔥狀裝飾。
4. 譯註：同和教育，行政用語，意指在日本教育的整體中，為消除部落歧視而施行的教育。
5. 編註：高山彥九郎（一七四七—一七九三），江戶時代後期的武士及思想家，其尊王思想對幕末時代有著重要影響。
6. 編註：光明院，指光明天皇（一三二一—一三八〇），南北朝的北朝第二代天皇。
7. 譯註：朝廷、公家、武家等既有的活動、法令、儀禮、制度等的前例與典故，以及研究上述種種的學問。
8. 編註：指遭到流放的長州藩主毛利敬親。

9. 編註：原文為「ドンドン焼け」。

第十五章

1. 譯註：皆為律令制下大學寮的學科，文章道：修習中國詩文與歷史、明經道：修習中國經書、明法道：專攻律令、算道：修習算法。
2. 譯註：創自江戶中期，鑽研《古事記》、《萬葉集》等日本古典文獻的學問，探究儒學、佛教等傳入前日本的既有文化。
3. 譯註：意指明治時代的日本引入西方文化，在制度等層面出現重大改變。
4. 譯註：蘭學，意指江戶時代，經荷蘭引入日本的歐洲文化、技術等。
5. 編註：春日造，一種神社本殿的建築形式。
6. 譯註：玉垣，神社等周邊所設的圍欄。
7. 譯註：千木指神社屋頂上形成V字型的構件；勝男木則是屋脊上，橫向排列的圓木。
8. 編註：日野富子（一四四〇—一四九六），室町幕府第八代將軍足利義政的正室，第九代將軍足利義尚之母。
9. 譯註：立春、立冬等季節分際的前一天，後特別是指立春前一天。
10. 譯註：舊制帝國大學的各學部，分為法科、文科、理科、工科、農科、醫科大學等六種，後於一九一九年改稱學部（學系）。
11. 譯註：已於平成五年（一九九三）廢止。後延伸設立人類與環境研究所、綜合人類學系。

參考文獻

僅限京都一般學術書籍，列舉其中的主要著作。

戰前

《增訂京都叢書》（全十七卷），同刊行會，昭和八年（一九三三）
收錄京童、京雀之名所記類、京都名勝誌、坊目誌等京都所有地方誌，建議從索引檢索地名。

《平安通志》（全六十卷二十冊），京都市參事會，明治二十八年（一八九五）
為紀念平安奠都千百年，分門別類總覽京都各相關事項，第十九、二十冊為年表。

《京都市史：編年綱目三卷地圖篇》，京都市，昭和十九年（一九四四）
為紀念京都紀元二千六百年，雖然正文出版已中斷，地圖篇具使用價值。期待新市史的計畫。

《帝都》，喜田貞吉，大正四年、昭和十四年（一九一五、一九三九）

雖非僅以京都為對象的著作，但與平安京創設相關之秦氏的關係等特別精彩。

《平安京變遷史》，藤田元春，昭和五年（一九三〇）

收錄平安京通史與古地圖，以歷史地理學的觀點概觀京都肇始。

《京都史話》，魚澄總五郎，昭和十一年（一九三六）

全書以講述京都歷史與庶民生活的八章，還有京都人特性的一章構成，可見作者的淵博學識。

《京都古習志》，井上賴壽，昭和十八年（一九四三）

實地踏勘京都全境，這份資料特別因為紀錄了即將消失的宮座、講等而彌足貴重。

戰後

《京都》，京都市編，昭和三十六年（一九五七）

由京都的誘惑（大佛次郎）、歷史的京都（Ⅰ林屋辰三郎、Ⅱ奈良本辰也）、學問藝術之都（井島勉）、工藝的傳統（吉田光邦）、漫步京都（伊吹武彥）、京都祭典（柴田實）等章節構成，書中收錄能和內文相互參照的眾多相片。

《京都古蹟行腳》，川勝政太郎，昭和二十二年（一九四七）

詳盡介紹分散在京洛東西南北各處的古美術、史蹟，為親切且正確的學術指南。

《京都歷史漫步》，奈良本辰也篇，昭和三十二年（一九五七）

河出新書的歷史漫談系列之一。隨著京都漫步的腳程，述說各場所的歷史。不僅對舊時事物有愛，也對現代關心至深。

《京的魅力（正續）》，中村直勝，昭和三十四、三十六年（一九五九、六一）

將京都潛藏的魅力連結社寺、名勝，為作者以其獨特史觀說明的導覽手冊。攝影為葛西宗誠。

《綠紅叢書》，講述京都之會，昭和三十二年（一九五七）

由鄉土史家田中綠紅講述，京都各町的傳說、社寺活動等的見聞，收錄於五十冊小冊子中的紀錄。

《先史地區與都市地區之研究》，藤岡謙二郎，昭和三十年（一九五五）

先史地區的山城盆地、明治後，京都市區的都市地區，以景觀變遷史觀點論述的研究著作。

《日本都市生活的源流》，村山修一，昭和二十八年（一九五三）

以豐富的史料，試圖重現古代、中世京都的都市生活。

《京都史蹟研究》，西田直二郎，昭和三十六年（一九六一）

收錄京都府史蹟調查報告所載，神泉苑等京都市內外的史蹟相關調查研究，並新加註最近的狀況。

《京都：其地理探訪》，谷岡武雄編著，昭和三十六年（一九六一）

針對京都的地質、歷史、交通、產業等，以地理學觀點總覽的新鮮概論著作。

《京都》，本庄榮治郎，昭和三十六年（一九六一）

日本歷史新書之一。京都近世以後的經濟史尚鮮為人知，本書為其概論著作。

國家圖書館出版品預行編目(CIP)資料

京都／林屋辰三郎著；林書嫻譯. -- 初版 -- 新北市：黑體文化，左岸文化事業有限公司出版, 2024.06

面；14.8×21公分

ISBN 978-626-7263-75-4(平裝)

1. CST: 人文地理　2. CST: 文化史　3. CST: 日本京都市

731.752185　113003771

特別聲明：

有關本書中的言論內容，不代表本公司／出版集團的立場及意見，由作者自行承擔文責。

黑體文化　讀者回函

黑盒子25

京都

作者・林屋辰三郎｜譯者・林書嫻｜責任編輯・涂育誠｜封面設計・林宜賢｜出版・黑體文化／左岸文化事業有限公司｜總編輯・龍傑娣｜發行・遠足文化事業股份有限公司（讀書共和國出版集團）｜地址・23141新北市新店區民權路108之2號9樓｜電話・02-2218-1417｜傳真・02-2218-8057｜客服專線・0800-221-029｜客服信箱・service@bookrep.com.tw｜官方網站・http://www.bookrep.com.tw｜法律顧問・華洋法律事務所・蘇文生律師｜印刷・中原造像股份有限公司｜排版・菩薩蠻數位文化有限公司｜初版・2024年6月｜定價・380元

ISBN・9786267263754・9786267263747（EPUB）・9786267263730（PDF）｜書號・2WBB0025